Mafalda 6

Lumen

QUINO

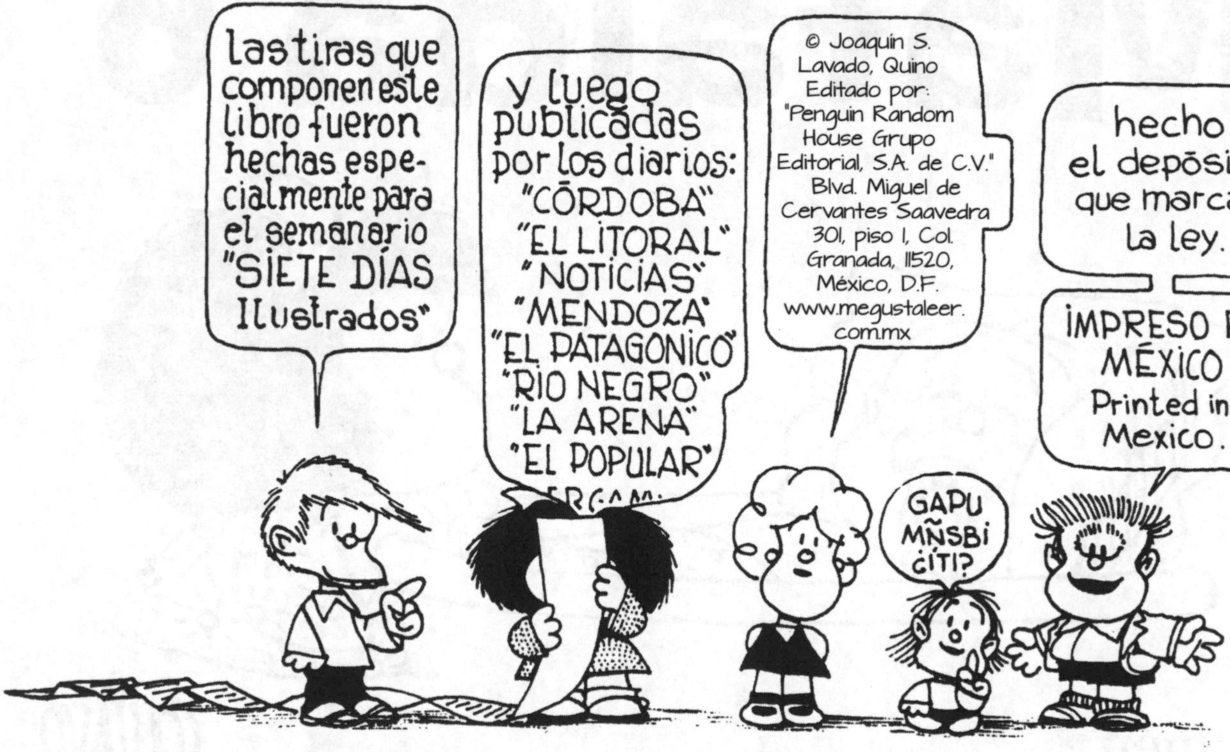

las tiras que componen este libro fueron hechas especialmente para el semanario "SIETE DÍAS Ilustrados"
y luego publicadas por los diarios: "CÓRDOBA" "EL LITORAL" "NOTICIAS" "MENDOZA" "EL PATAGONICO" "RIO NEGRO" "LA ARENA" "EL POPULAR"
© Joaquín S. Lavado, Quino Editado por: "Penguin Random House Grupo Editorial, S.A. de C.V." Blvd. Miguel de Cervantes Saavedra 301, piso 1, Col. Granada, 11520, México, D.F. www.megustaleer.com.mx
GAPU MÑSBI ¿ITI?
hecho el depósito que marca la ley.
IMPRESO EN MÉXICO Printed in Mexico.

© Joaquín Salvador Lavado, Quino ISBN: 978-607-31-2183-5 Vol. 6. 1era. edición, 1era. reimpresión.

• a mis 2 hermanos 2
• a mi tío Joaquín

QUINO

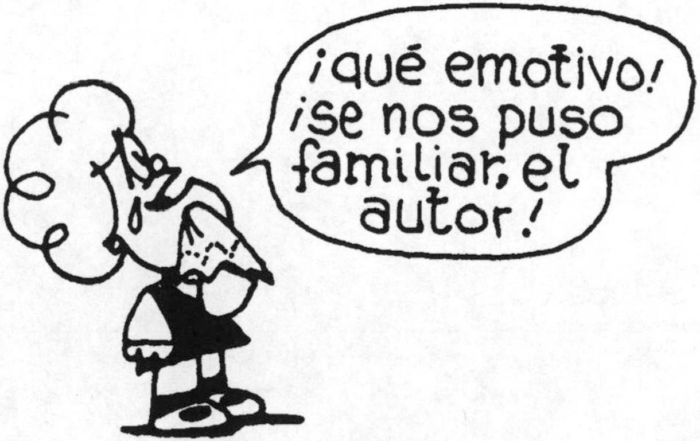
¡qué emotivo! ¡se nos puso familiar, el autor!

- "Dios puede castigar muchísimo."
* - "No, la policía pega más fuerte."

* Juan Pablo C. (3 años)

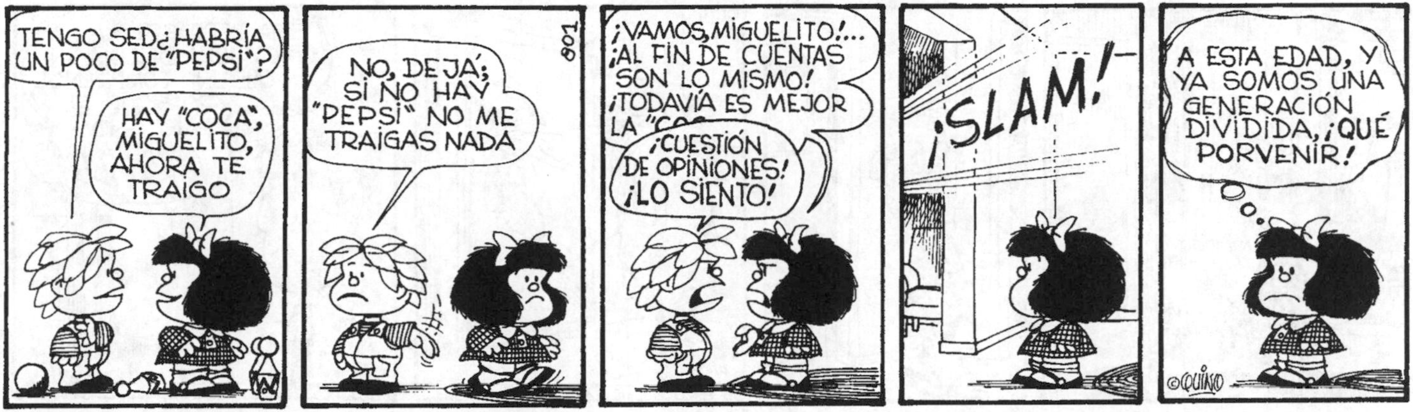

TENGO SED ¿HABRÍA UN POCO DE "PEPSI"?
HAY "COCA", MIGUELITO, AHORA TE TRAIGO
NO, DEJÁ; SI NO HAY "PEPSI" NO ME TRAIGAS NADA
801
¡VAMOS, MIGUELITO!... ¡AL FIN DE CUENTAS SON LO MISMO! ¡TODAVÍA ES MEJOR LA "CO
¡CUESTIÓN DE OPINIONES! ¡LO SIENTO!
¡SLAM!
A ESTA EDAD, Y YA SOMOS UNA GENERACIÓN DIVIDIDA, ¡QUÉ PORVENIR!
©QUINO

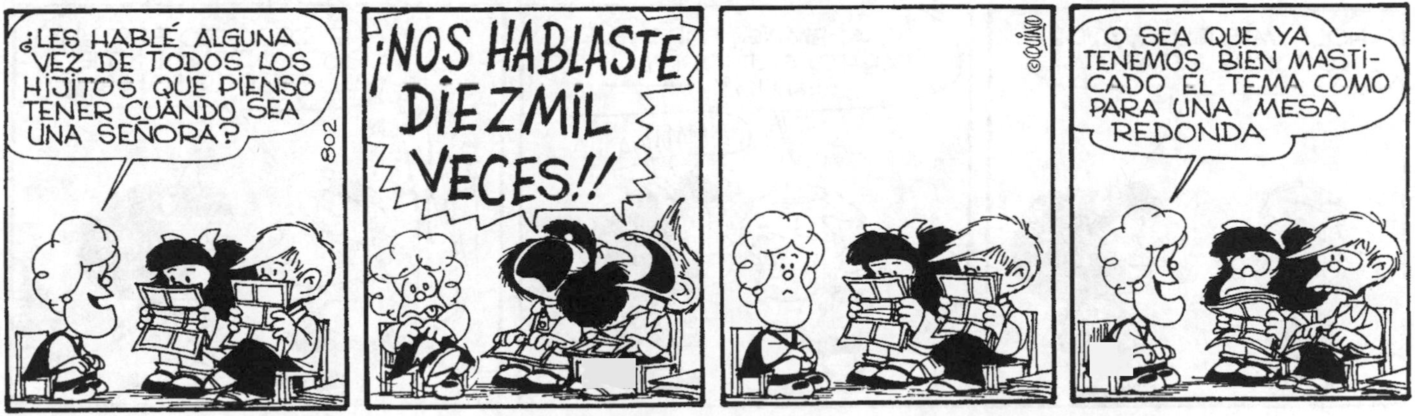

¿LES HABLÉ ALGUNA VEZ DE TODOS LOS HIJITOS QUE PIENSO TENER CUANDO SEA UNA SEÑORA?
802
¡NOS HABLASTE DIEZMIL VECES!!
©QUINO
O SEA QUE YA TENEMOS BIEN MASTICADO EL TEMA COMO PARA UNA MESA REDONDA

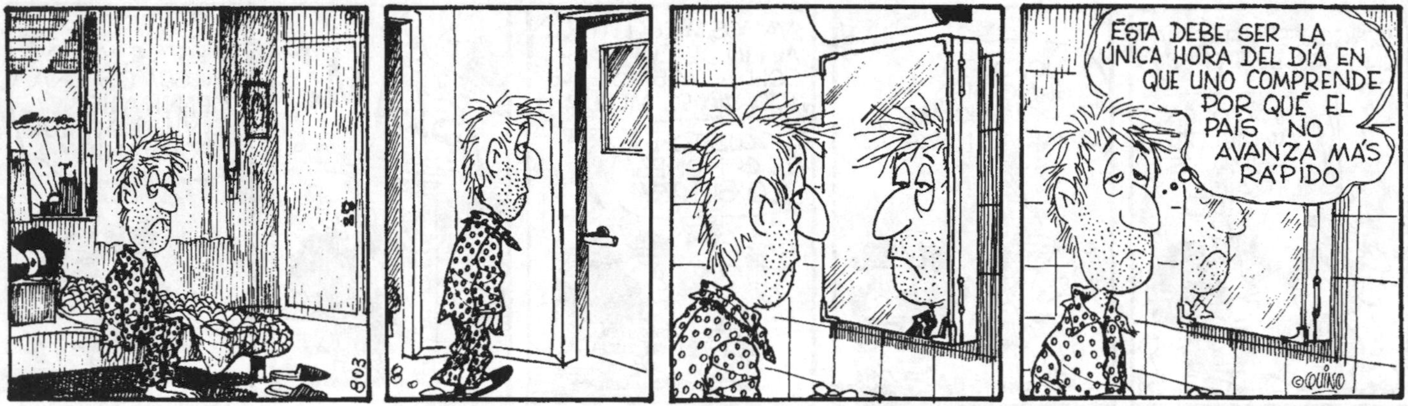
ÉSTA DEBE SER LA ÚNICA HORA DEL DÍA EN QUE UNO COMPRENDE POR QUÉ EL PAÍS NO AVANZA MÁS RÁPIDO
803
©QUINO

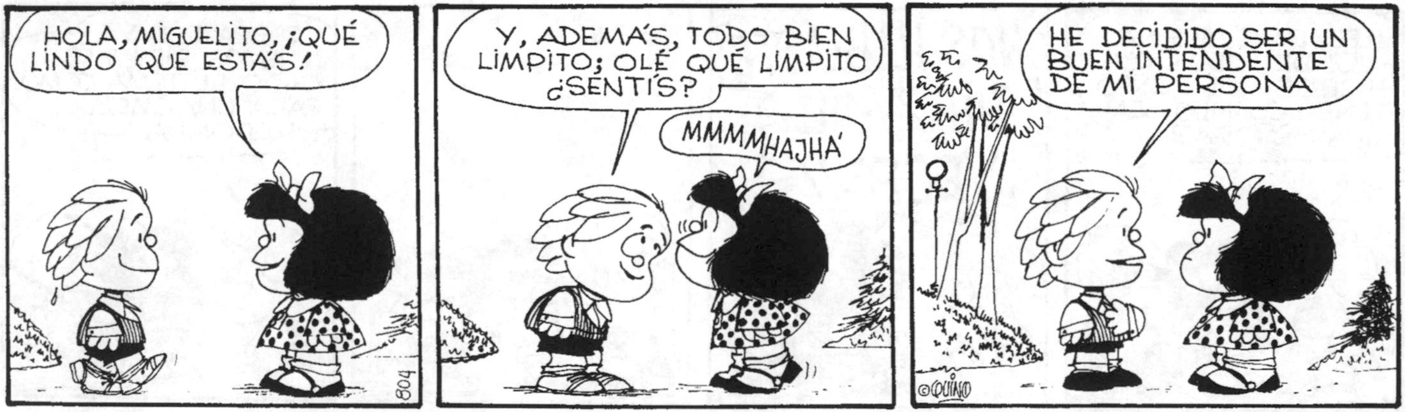
HOLA, MIGUELITO, ¡QUÉ LINDO QUE ESTÁS!
804
Y, ADEMÁS, TODO BIEN LIMPITO; OLÉ QUÉ LIMPITO ¿SENTÍS?
MMMMHAJHÁ
HE DECIDIDO SER UN BUEN INTENDENTE DE MI PERSONA
©QUINO

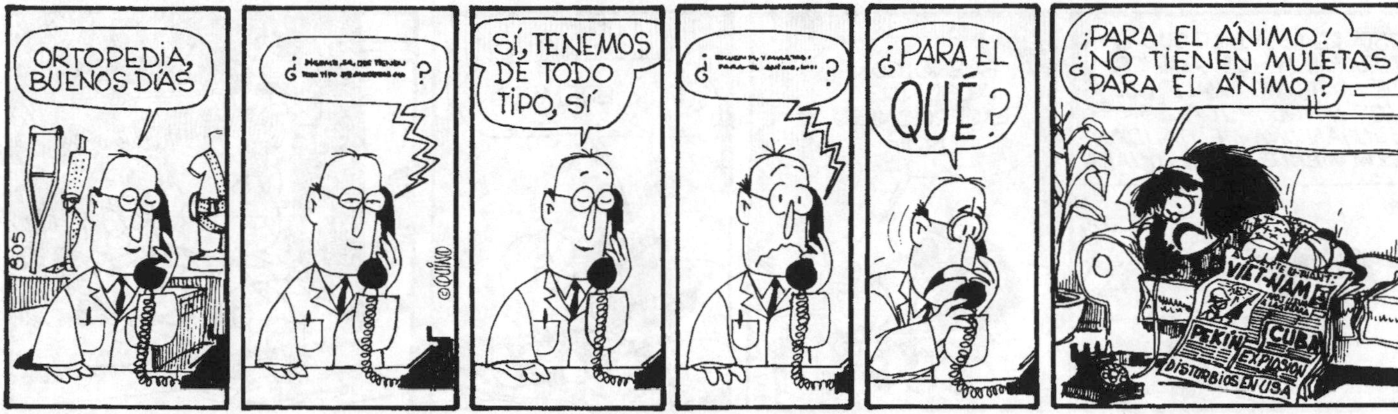
ORTOPEDIA, BUENOS DÍAS
SÍ, TENEMOS DE TODO TIPO, SÍ
¿PARA EL QUÉ?
¡PARA EL ÁNIMO! ¿NO TIENEN MULETAS PARA EL ÁNIMO?
VIET-NAM
PEKÍN
CUBA
EXPLOSIÓN
DISTURBIOS EN USA

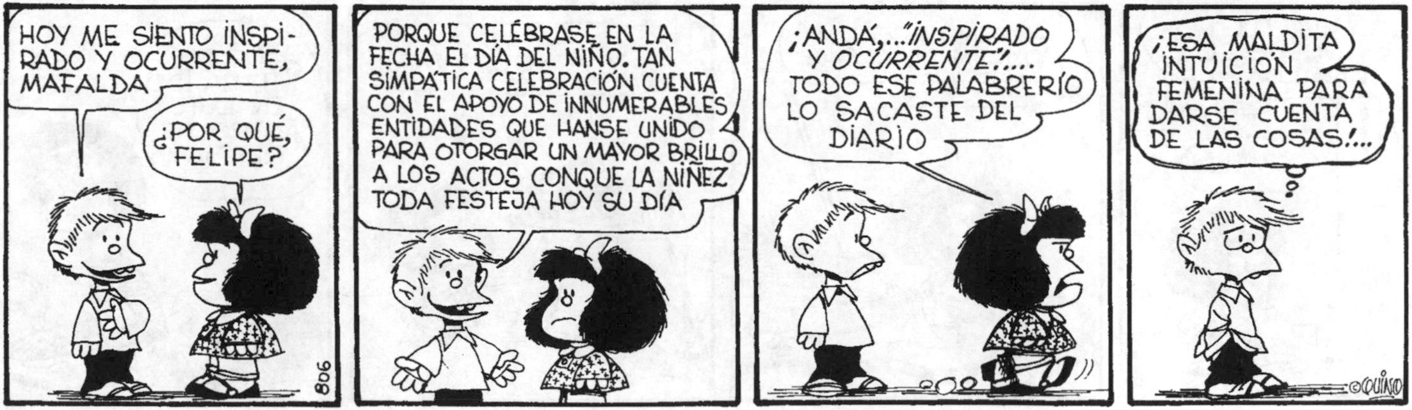
HOY ME SIENTO INSPIRADO Y OCURRENTE, MAFALDA
¿POR QUÉ, FELIPE?
PORQUE CELÉBRASE EN LA FECHA EL DÍA DEL NIÑO. TAN SIMPÁTICA CELEBRACIÓN CUENTA CON EL APOYO DE INNUMERABLES ENTIDADES QUE HANSE UNIDO PARA OTORGAR UN MAYOR BRILLO A LOS ACTOS CONQUE LA NIÑEZ TODA FESTEJA HOY SU DÍA
¡ANDÁ,..."*INSPIRADO Y OCURRENTE*"!.... TODO ESE PALABRERÍO LO SACASTE DEL DIARIO
¡ESA MALDITA INTUICIÓN FEMENINA PARA DARSE CUENTA DE LAS COSAS!...

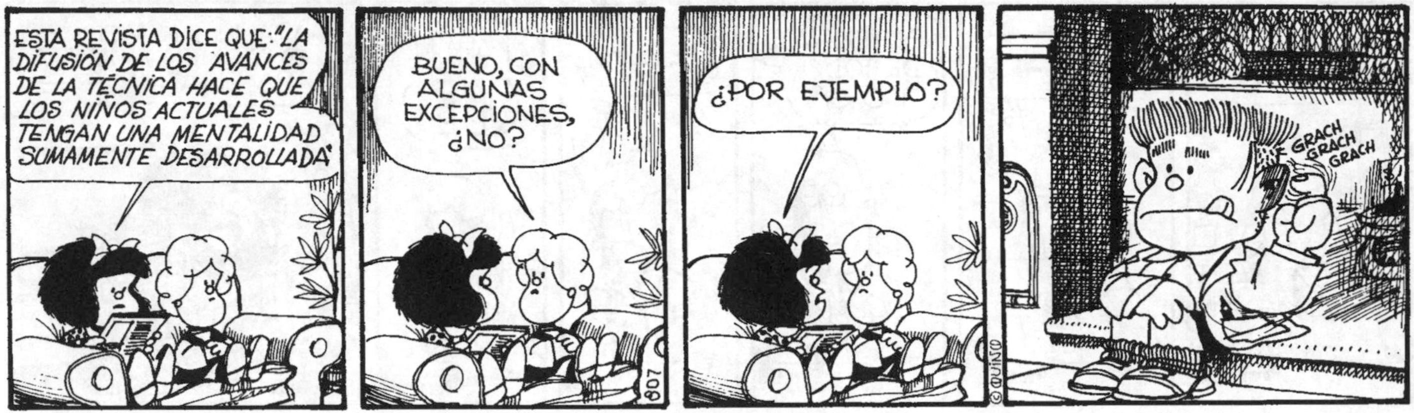
ESTA REVISTA DICE QUE: "LA DIFUSIÓN DE LOS AVANCES DE LA TÉCNICA HACE QUE LOS NIÑOS ACTUALES TENGAN UNA MENTALIDAD SUMAMENTE DESARROLLADA"
BUENO, CON ALGUNAS EXCEPCIONES, ¿NO?
807
¿POR EJEMPLO?
© QUINO
GRACH GRACH GRACH

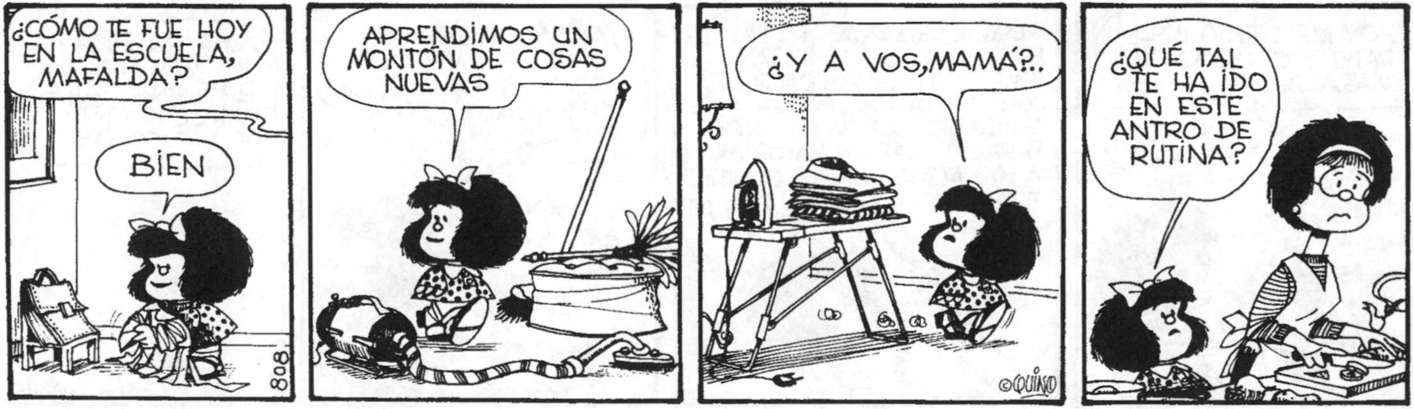
¿CÓMO TE FUE HOY EN LA ESCUELA, MAFALDA?
BIEN
808
APRENDIMOS UN MONTÓN DE COSAS NUEVAS
¿Y A VOS, MAMÁ?..
©QUINO
¿QUÉ TAL TE HA IDO EN ESTE ANTRO DE RUTINA?

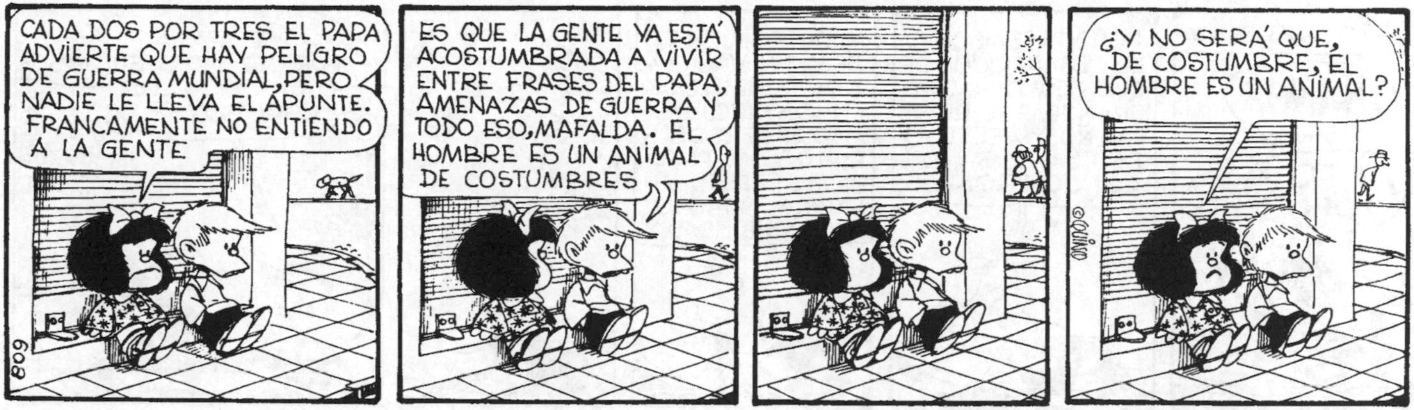
809
CADA DOS POR TRES EL PAPA ADVIERTE QUE HAY PELIGRO DE GUERRA MUNDIAL, PERO NADIE LE LLEVA EL APUNTE. FRANCAMENTE NO ENTIENDO A LA GENTE
ES QUE LA GENTE YA ESTÁ ACOSTUMBRADA A VIVIR ENTRE FRASES DEL PAPA, AMENAZAS DE GUERRA Y TODO ESO, MAFALDA. EL HOMBRE ES UN ANIMAL DE COSTUMBRES
©QUINO
¿Y NO SERÁ QUE, DE COSTUMBRE, EL HOMBRE ES UN ANIMAL?

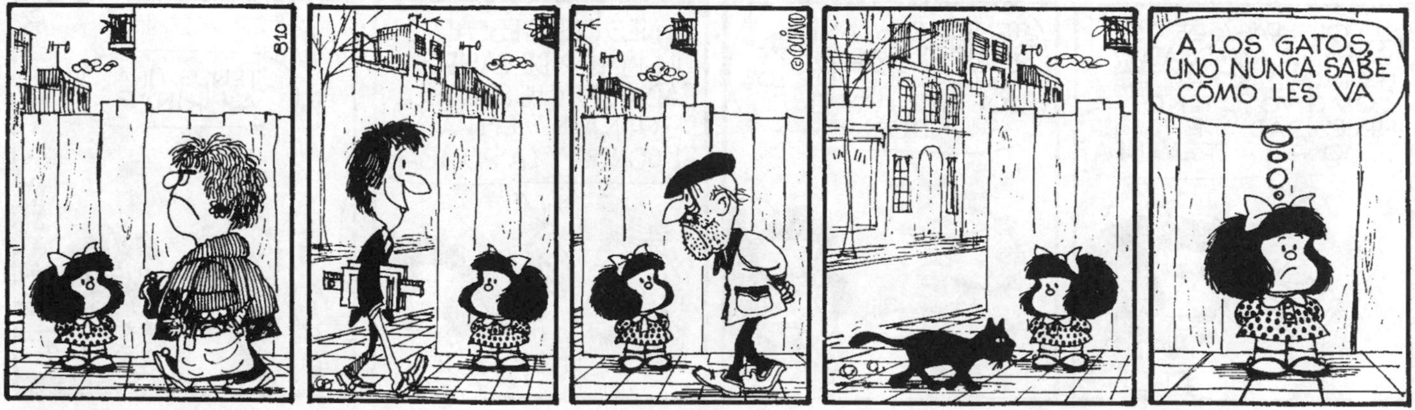
810
©QUINO
A LOS GATOS, UNO NUNCA SABE CÓMO LES VA

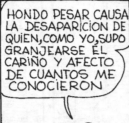
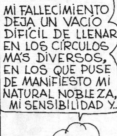

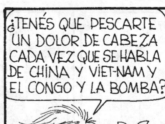

¡ALTO AHÍ, SUSANITA!

¡BANG!

¡MUERO! ¡OH!

HONDO PESAR CAUSA LA DESAPARICIÓN DE QUIEN, COMO YO, SUPO GRANJEARSE EL CARIÑO Y AFECTO DE CUANTOS ME CONOCIERON

MI FALLECIMIENTO DEJA UN VACÍO DIFÍCIL DE LLENAR EN LOS CÍRCULOS MÁS DIVERSOS, EN LOS QUE PUSE DE MANIFIESTO MI NATURAL NOBLEZA, MI SENSIBILIDAD Y...

¿QUÉ PASA? ¿POR QUÉ NO SEGUIMOS JUGANDO A LOS "COW-BOYS"?

¡LO QUE PASA ES QUE SOS UNA AMARGADA! ¿POR QUÉ NO HACÉS COMO YO? ¿TENÉS NECESIDAD DE TOMAR TODO A LA TREMENDA?

¿TENÉS QUE ANDAR **SIEMPRE** HACIÉNDOTE MALASANGRE POR LOS LÍOS QUE HAY EN EL MUNDO?

¿TENÉS QUE PESCARTE UN DOLOR DE CABEZA CADA VEZ QUE SE HABLA DE CHINA Y VIET-NAM Y EL CONGO Y LA BOMBA?

¿TENÉS UNA ASPIRINA?

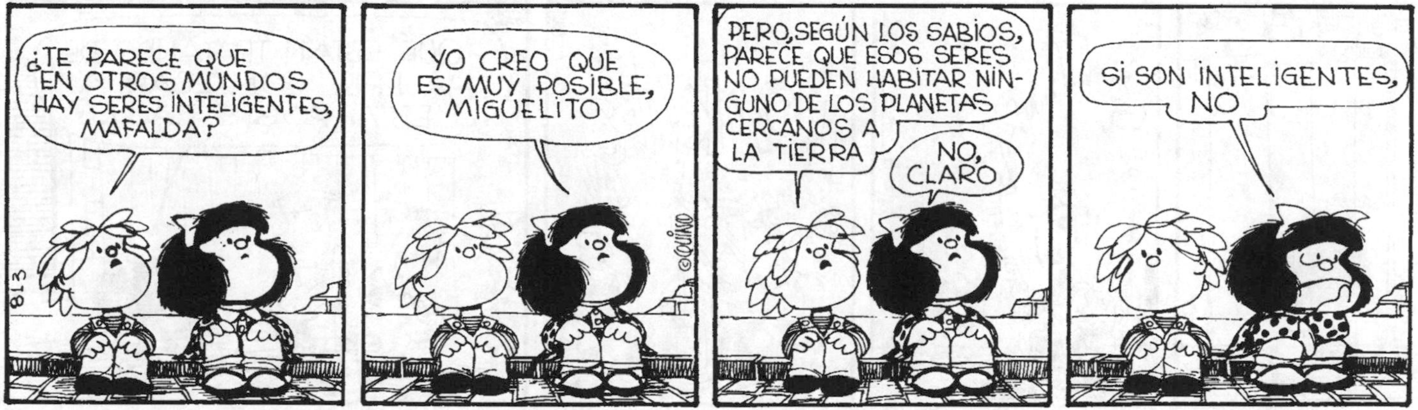
¿TE PARECE QUE EN OTROS MUNDOS HAY SERES INTELIGENTES, MAFALDA?
YO CREO QUE ES MUY POSIBLE, MIGUELITO
PERO, SEGÚN LOS SABIOS, PARECE QUE ESOS SERES NO PUEDEN HABITAR NINGUNO DE LOS PLANETAS CERCANOS A LA TIERRA
NO, CLARO
SI SON INTELIGENTES, NO

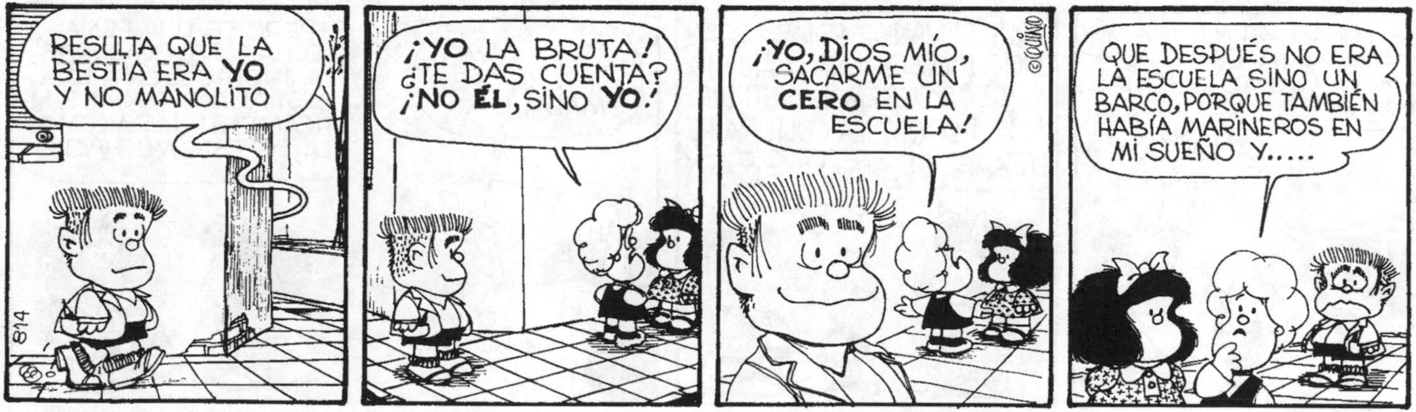
RESULTA QUE LA BESTIA ERA **YO** Y NO MANOLITO
¡**YO** LA BRUTA! ¿TE DAS CUENTA? ¡**NO ÉL**, SINO **YO**!
¡YO, DIOS MÍO, SACARME UN **CERO** EN LA ESCUELA!
QUE DESPUÉS NO ERA LA ESCUELA SINO UN BARCO, PORQUE TAMBIÉN HABÍA MARINEROS EN MI SUEÑO Y.....

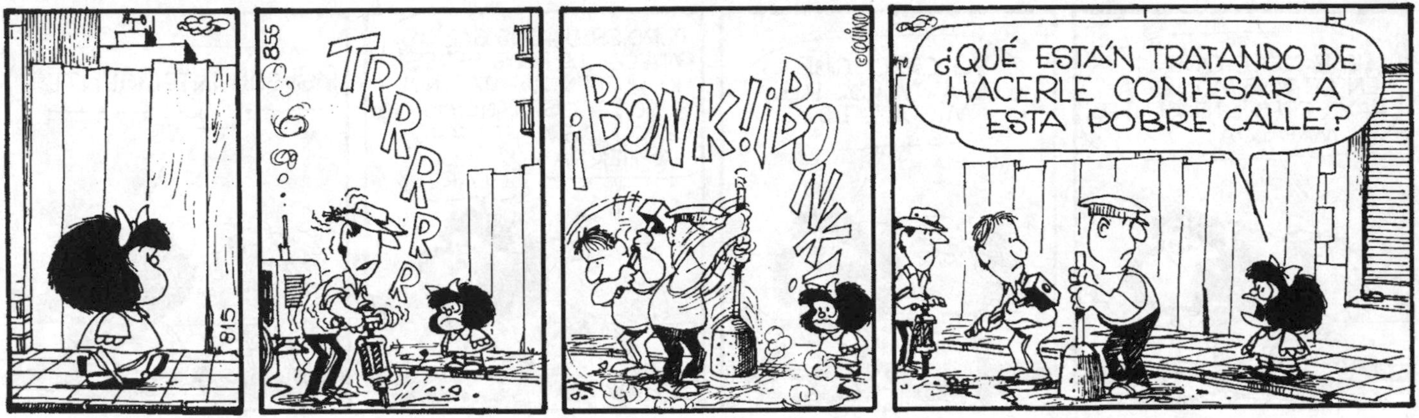
TRRRRRR
¡BONK!¡BONK!
¿QUÉ ESTÁN TRATANDO DE HACERLE CONFESAR A ESTA POBRE CALLE?

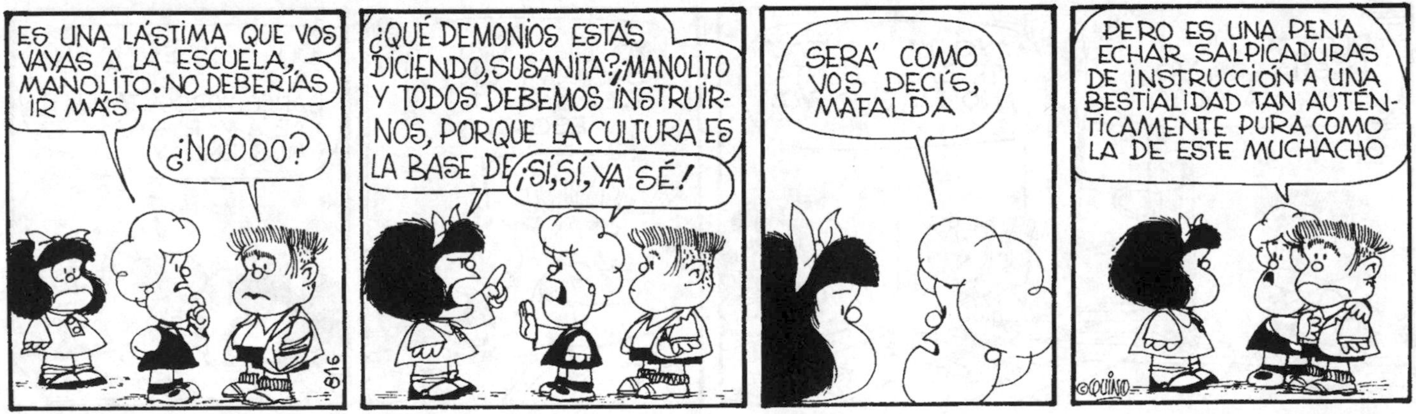
ES UNA LÁSTIMA QUE VOS VAYAS A LA ESCUELA, MANOLITO. NO DEBERÍAS IR MÁS
¿NOOOO?
¿QUÉ DEMONIOS ESTÁS DICIENDO, SUSANITA? ¡MANOLITO Y TODOS DEBEMOS INSTRUIRNOS, PORQUE LA CULTURA ES LA BASE DE
¡SÍ, SÍ, YA SÉ!
SERÁ COMO VOS DECÍS, MAFALDA
PERO ES UNA PENA ECHAR SALPICADURAS DE INSTRUCCIÓN A UNA BESTIALIDAD TAN AUTÉNTICAMENTE PURA COMO LA DE ESTE MUCHACHO

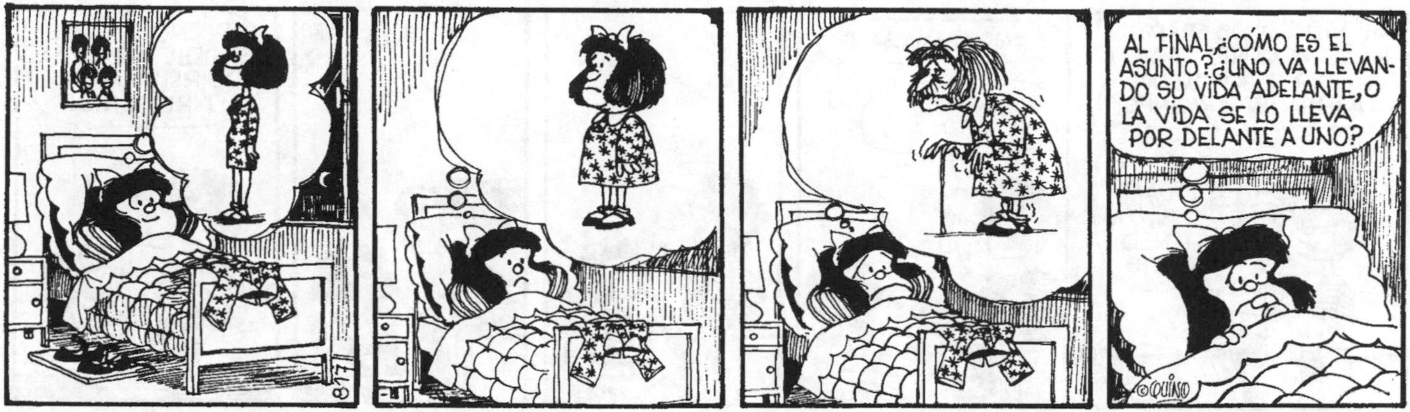

817
AL FINAL ¿CÓMO ES EL ASUNTO? ¿UNO VA LLEVANDO SU VIDA ADELANTE, O LA VIDA SE LO LLEVA POR DELANTE A UNO?
©QUINO

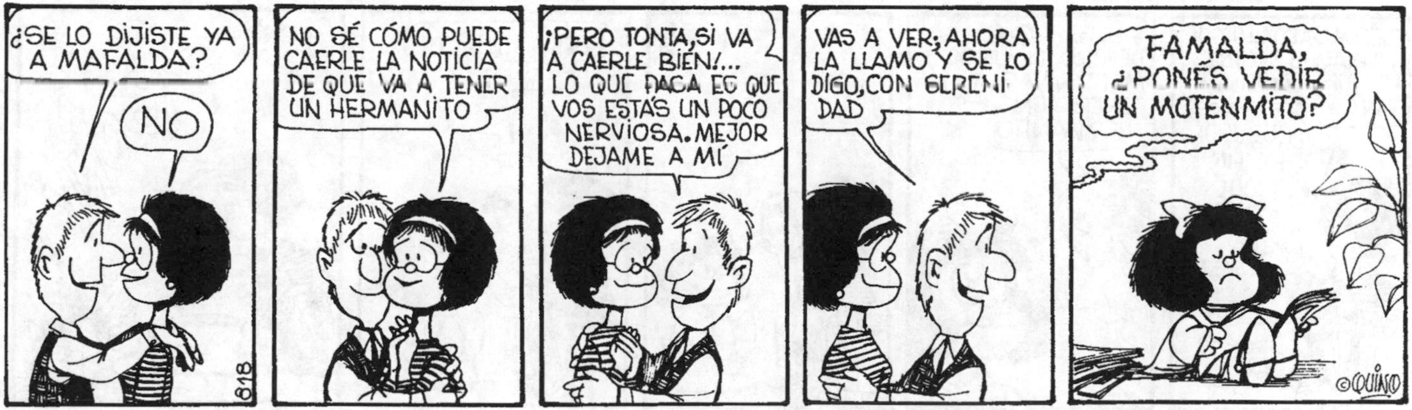

¿SE LO DIJISTE YA A MAFALDA?
NO
818
NO SÉ CÓMO PUEDE CAERLE LA NOTICIA DE QUE VA A TENER UN HERMANITO
¡PERO TONTA, SI VA A CAERLE BIEN!... LO QUE PASA ES QUE VOS ESTÁS UN POCO NERVIOSA. MEJOR DEJAME A MÍ
VAS A VER; AHORA LA LLAMO Y SE LO DIGO, CON SERENIDAD
FAMALDA, ¿PONÉS VEDIR UN MOTENMITO?
©QUINO

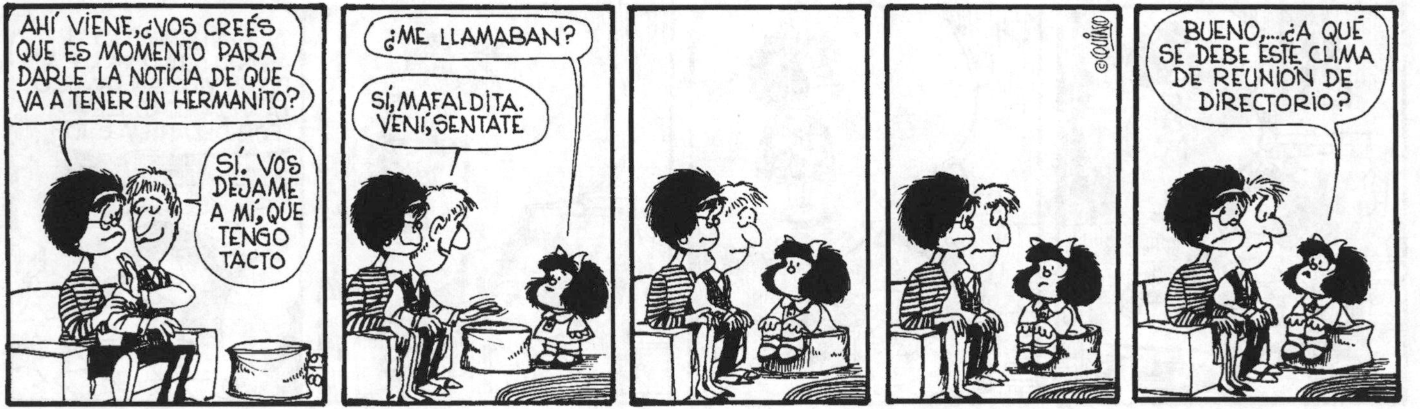
AHÍ VIENE, ¿VOS CREÉS QUE ES MOMENTO PARA DARLE LA NOTICIA DE QUE VA A TENER UN HERMANITO?
SÍ. VOS DEJAME A MÍ, QUE TENGO TACTO
819
¿ME LLAMABAN?
SÍ, MAFALDITA. VENÍ, SENTATE
©QUINO
BUENO,....¿A QUÉ SE DEBE ESTE CLIMA DE REUNIÓN DE DIRECTORIO?

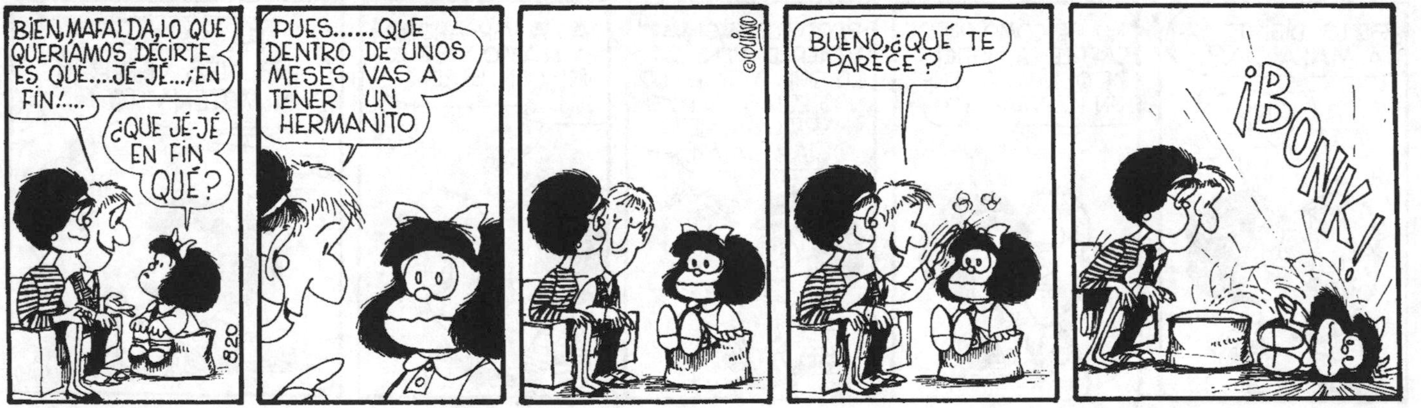
BIEN, MAFALDA, LO QUE QUERÍAMOS DECIRTE ES QUE....JÉ-JÉ...¡EN FIN!....
¿QUE JÉ-JÉ EN FIN QUÉ?
820
PUES...... QUE DENTRO DE UNOS MESES VAS A TENER UN HERMANITO
©QUINO
BUENO, ¿QUÉ TE PARECE?
¡BONK!

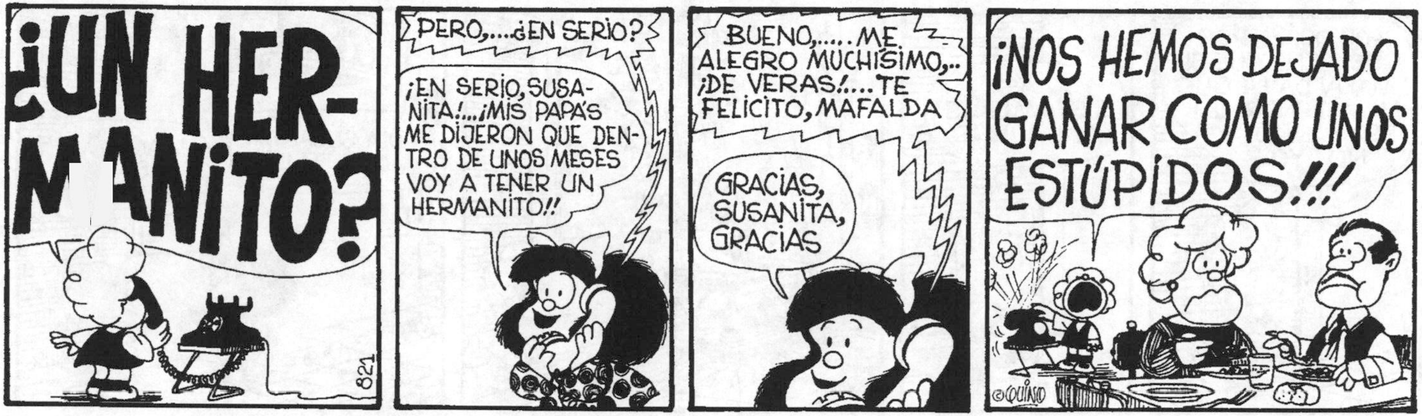
¿UN HER-
MANITO?
821
PERO,...¿EN SERIO?
¡EN SERIO, SUSANITA!...¡MIS PAPÁS ME DIJERON QUE DENTRO DE UNOS MESES VOY A TENER UN HERMANITO!!
BUENO,.... ME ALEGRO MUCHÍSIMO,.. ¡DE VERAS!... TE FELICITO, MAFALDA
GRACIAS, SUSANITA, GRACIAS
¡NOS HEMOS DEJADO GANAR COMO UNOS ESTÚPIDOS!!!
©QUINO

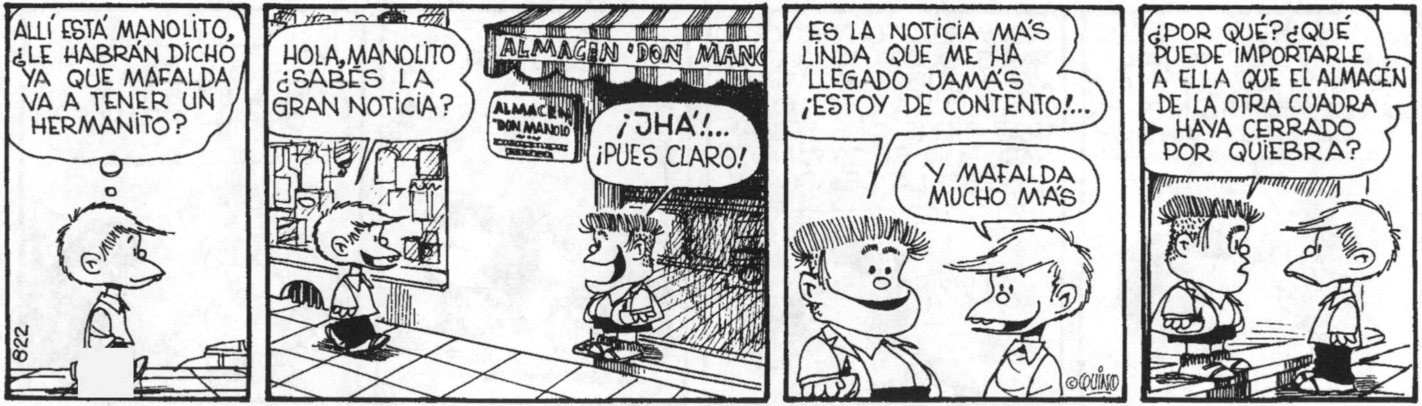
ALLÍ ESTÁ MANOLITO, ¿LE HABRÁN DICHO YA QUE MAFALDA VA A TENER UN HERMANITO?
822
HOLA, MANOLITO ¿SABÉS LA GRAN NOTICIA?
ALMACEN 'DON MANO
ALMACEN "DON MANOLO"
¡JHA'!... ¡PUES CLARO!
ES LA NOTICIA MÁS LINDA QUE ME HA LLEGADO JAMÁS ¡ESTOY DE CONTENTO!...
Y MAFALDA MUCHO MÁS
©QUINO
¿POR QUÉ? ¿QUÉ PUEDE IMPORTARLE A ELLA QUE EL ALMACÉN DE LA OTRA CUADRA HAYA CERRADO POR QUIEBRA?

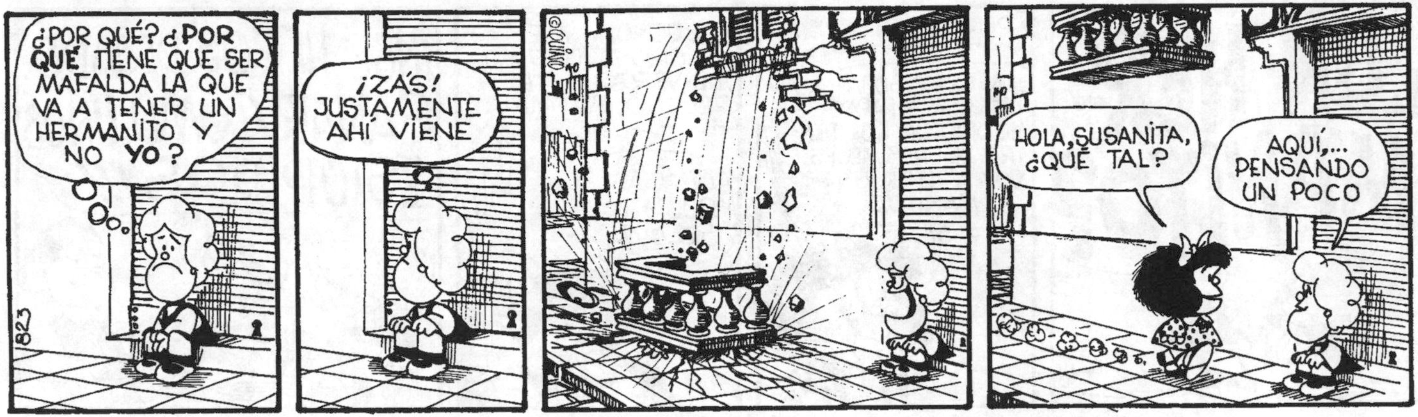
823
¿POR QUÉ? ¿POR QUÉ TIENE QUE SER MAFALDA LA QUE VA A TENER UN HERMANITO Y NO YO?
¡ZÁS! JUSTAMENTE AHÍ VIENE
©QUINO
HOLA, SUSANITA, ¿QUÉ TAL?
AQUÍ,... PENSANDO UN POCO

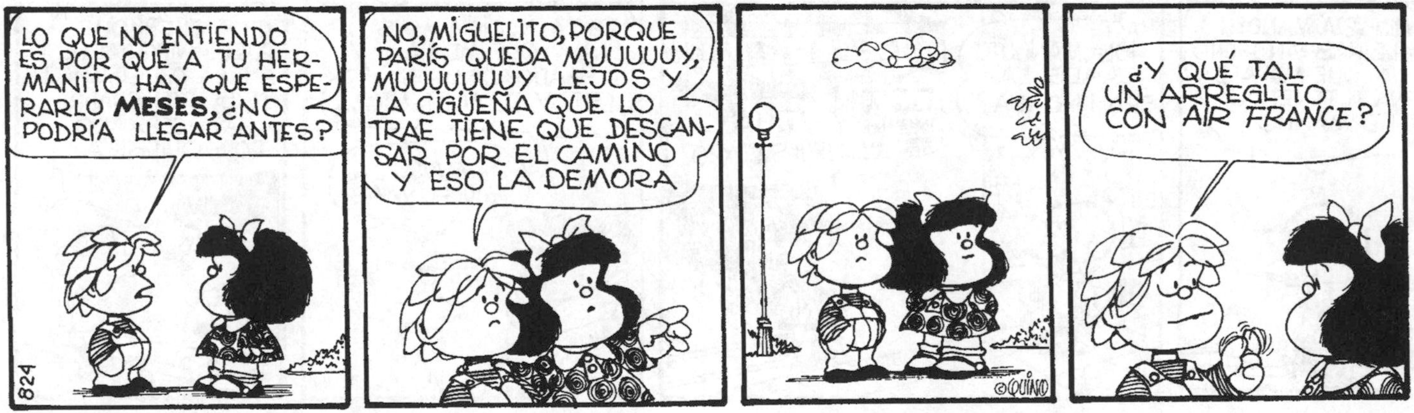
824
LO QUE NO ENTIENDO ES POR QUÉ A TU HERMANITO HAY QUE ESPERARLO MESES, ¿NO PODRÍA LLEGAR ANTES?
NO, MIGUELITO, PORQUE PARÍS QUEDA MUUUUUY, MUUUUUUUY LEJOS Y LA CIGÜEÑA QUE LO TRAE TIENE QUE DESCANSAR POR EL CAMINO Y ESO LA DEMORA
©QUINO
¿Y QUÉ TAL UN ARREGLITO CON AIR FRANCE?

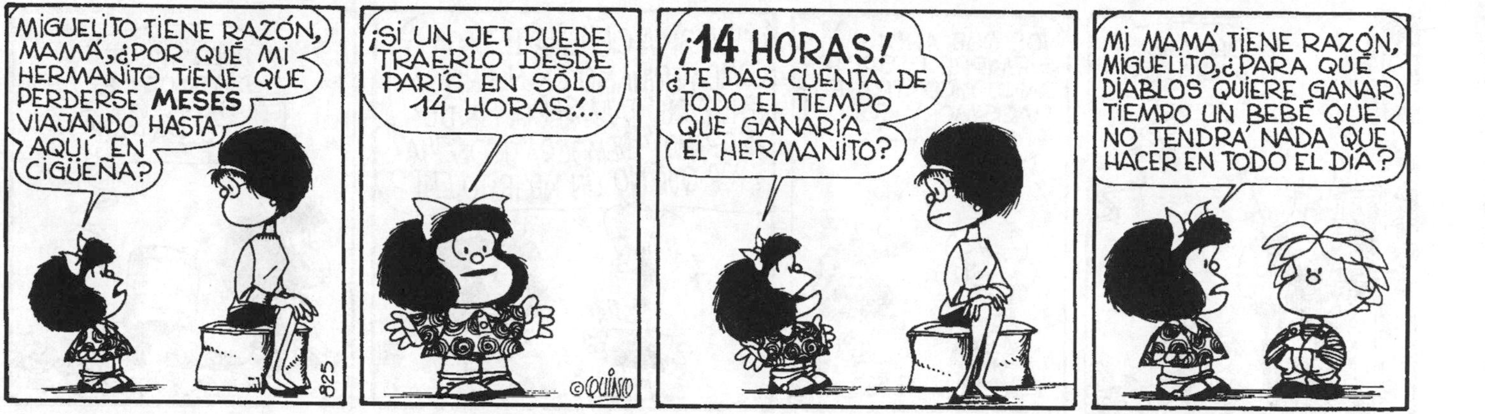
MIGUELITO TIENE RAZÓN, MAMÁ, ¿POR QUÉ MI HERMANITO TIENE QUE PERDERSE **MESES** VIAJANDO HASTA AQUÍ EN CIGÜEÑA?
825
¡SI UN JET PUEDE TRAERLO DESDE PARÍS EN SÓLO 14 HORAS!...
©QUINO
¡14 HORAS! ¿TE DAS CUENTA DE TODO EL TIEMPO QUE GANARÍA EL HERMANITO?
MI MAMÁ TIENE RAZÓN, MIGUELITO, ¿PARA QUÉ DIABLOS QUIERE GANAR TIEMPO UN BEBÉ QUE NO TENDRÁ NADA QUE HACER EN TODO EL DÍA?

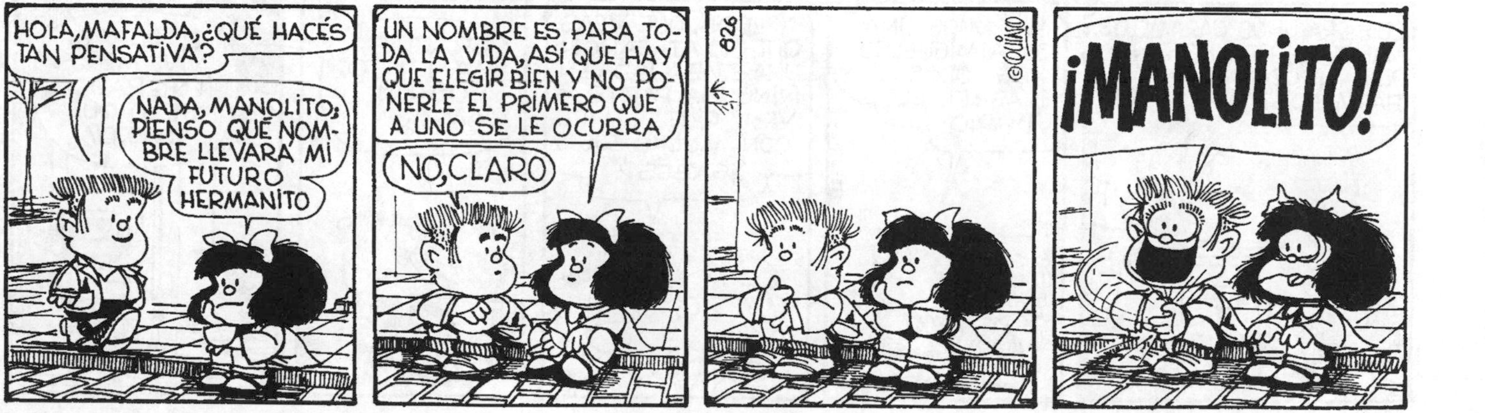
HOLA, MAFALDA, ¿QUÉ HACÉS TAN PENSATIVA?
NADA, MANOLITO; PIENSO QUÉ NOMBRE LLEVARÁ MI FUTURO HERMANITO
UN NOMBRE ES PARA TODA LA VIDA, ASÍ QUE HAY QUE ELEGIR BIEN Y NO PONERLE EL PRIMERO QUE A UNO SE LE OCURRA
NO, CLARO
826
©QUINO
¡MANOLITO!

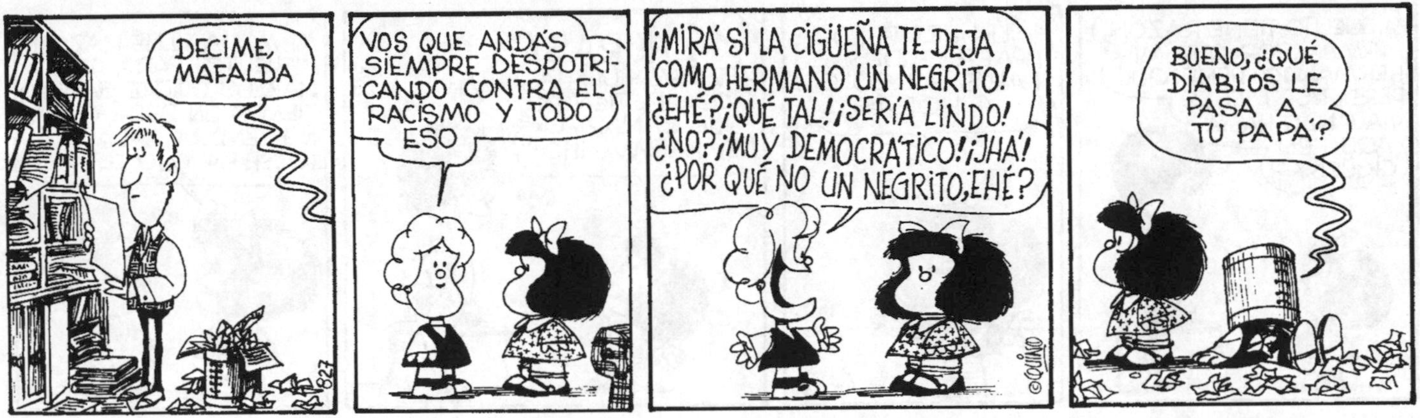
DECIME, MAFALDA
VOS QUE ANDÁS SIEMPRE DESPOTRICANDO CONTRA EL RACISMO Y TODO ESO
¡MIRÁ SI LA CIGÜEÑA TE DEJA COMO HERMANO UN NEGRITO! ¿EHÉ? ¡QUÉ TAL! ¡SERÍA LINDO! ¿NO? ¡MUY DEMOCRÁTICO! ¡JHA! ¿POR QUÉ NO UN NEGRITO, EHÉ?
BUENO, ¿QUÉ DIABLOS LE PASA A TU PAPÁ?
827
©QUINO

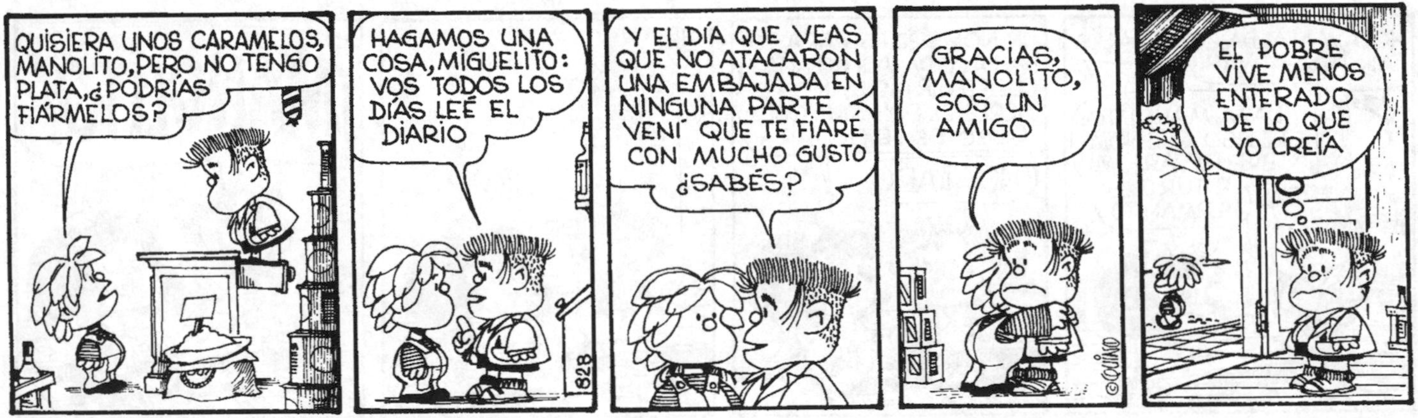
QUISIERA UNOS CARAMELOS, MANOLITO, PERO NO TENGO PLATA, ¿PODRÍAS FIÁRMELOS?
HAGAMOS UNA COSA, MIGUELITO: VOS TODOS LOS DÍAS LEÉ EL DIARIO
Y EL DÍA QUE VEAS QUE NO ATACARON UNA EMBAJADA EN NINGUNA PARTE VENÍ QUE TE FIARÉ CON MUCHO GUSTO ¿SABÉS?
GRACIAS, MANOLITO, SOS UN AMIGO
EL POBRE VIVE MENOS ENTERADO DE LO QUE YO CREÍA
828
©QUINO

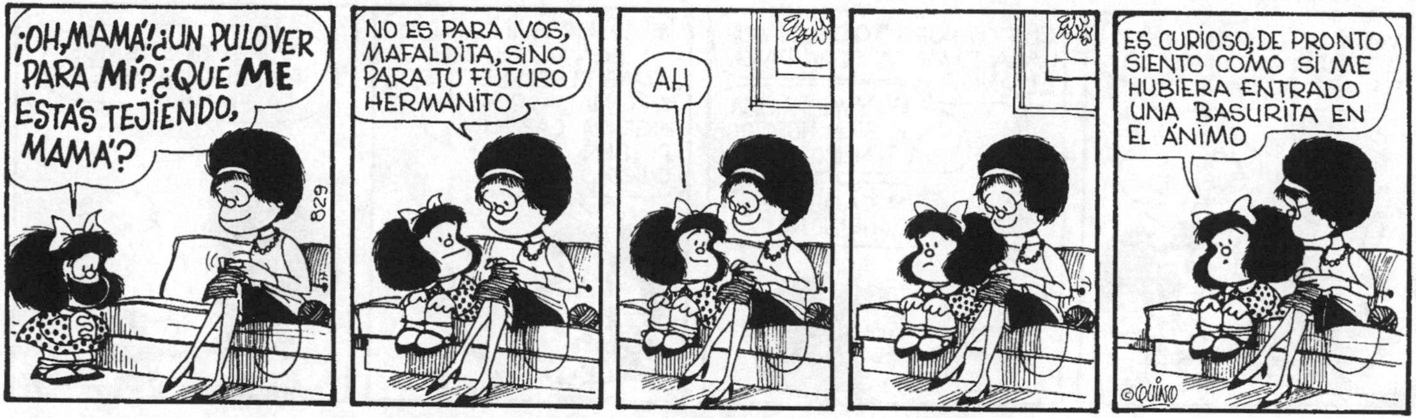
¡OH, MAMÁ! ¿UN PULOVER PARA MÍ? ¿QUÉ ME ESTÁS TEJIENDO, MAMÁ?
829
NO ES PARA VOS, MAFALDITA, SINO PARA TU FUTURO HERMANITO
AH
ES CURIOSO; DE PRONTO SIENTO COMO SI ME HUBIERA ENTRADO UNA BASURITA EN EL ÁNIMO
©QUINO

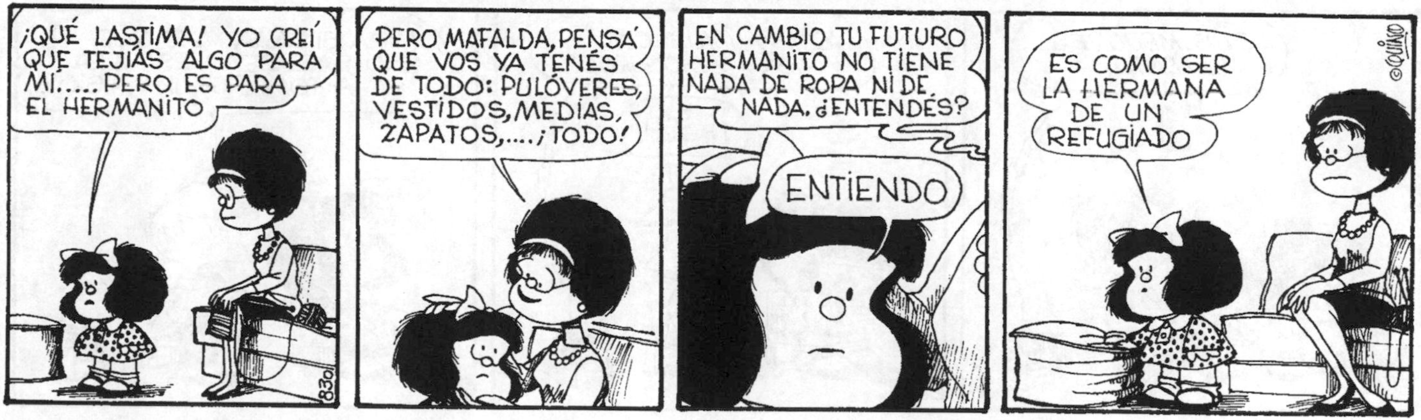
¡QUÉ LASTIMA! YO CREÍ QUE TEJÍAS ALGO PARA MÍ..... PERO ES PARA EL HERMANITO
830
PERO MAFALDA, PENSÁ QUE VOS YA TENÉS DE TODO: PULÓVERES, VESTIDOS, MEDIAS, ZAPATOS,....¡TODO!
EN CAMBIO TU FUTURO HERMANITO NO TIENE NADA DE ROPA NI DE NADA. ¿ENTENDÉS?
ENTIENDO
ES COMO SER LA HERMANA DE UN REFUGIADO
©QUINO

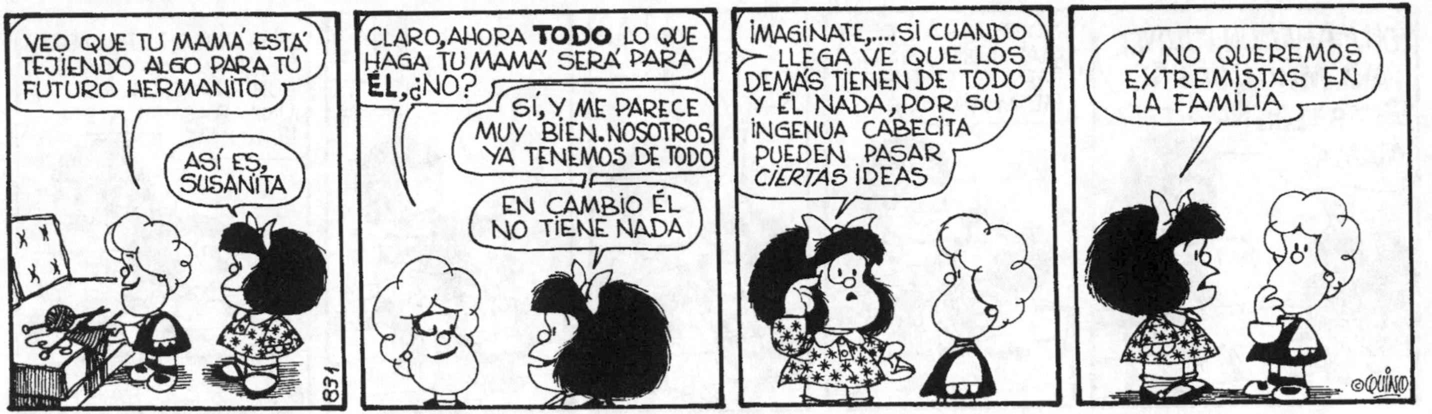
VEO QUE TU MAMÁ ESTÁ TEJIENDO ALGO PARA TU FUTURO HERMANITO
ASÍ ES, SUSANITA
831
CLARO, AHORA **TODO** LO QUE HAGA TU MAMÁ SERÁ PARA **ÉL**, ¿NO?
SÍ, Y ME PARECE MUY BIEN. NOSOTROS YA TENEMOS DE TODO
EN CAMBIO ÉL NO TIENE NADA
¡IMAGINATE,....SI CUANDO LLEGA VE QUE LOS DEMÁS TIENEN DE TODO Y ÉL NADA, POR SU INGENUA CABECITA PUEDEN PASAR *CIERTAS* IDEAS
Y NO QUEREMOS EXTREMISTAS EN LA FAMILIA
©QUINO

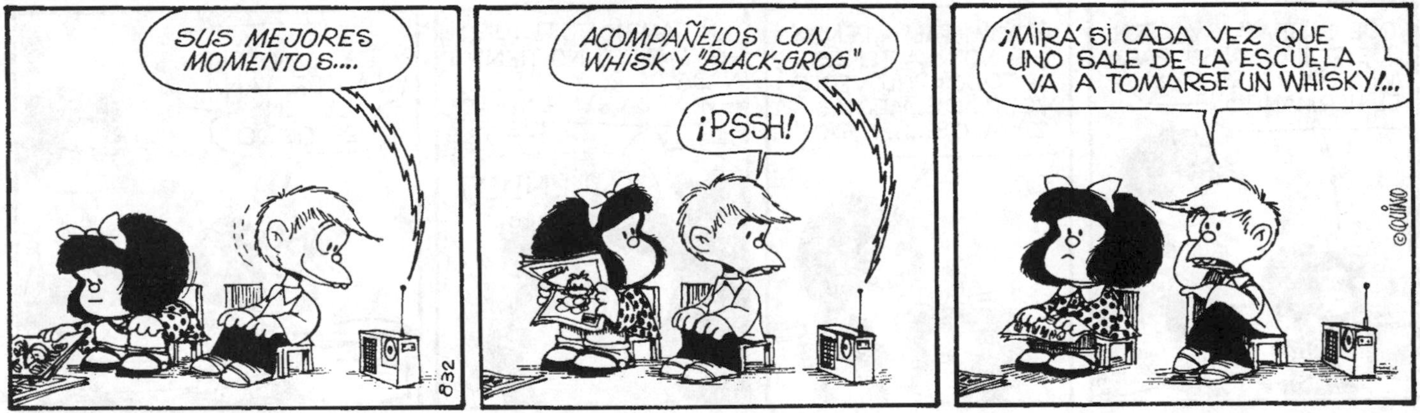
SUS MEJORES MOMENTOS....
832
ACOMPAÑELOS CON WHISKY "BLACK-GROG"
¡PSSH!
¡MIRÁ SI CADA VEZ QUE UNO SALE DE LA ESCUELA VA A TOMARSE UN WHISKY!...
©QUINO

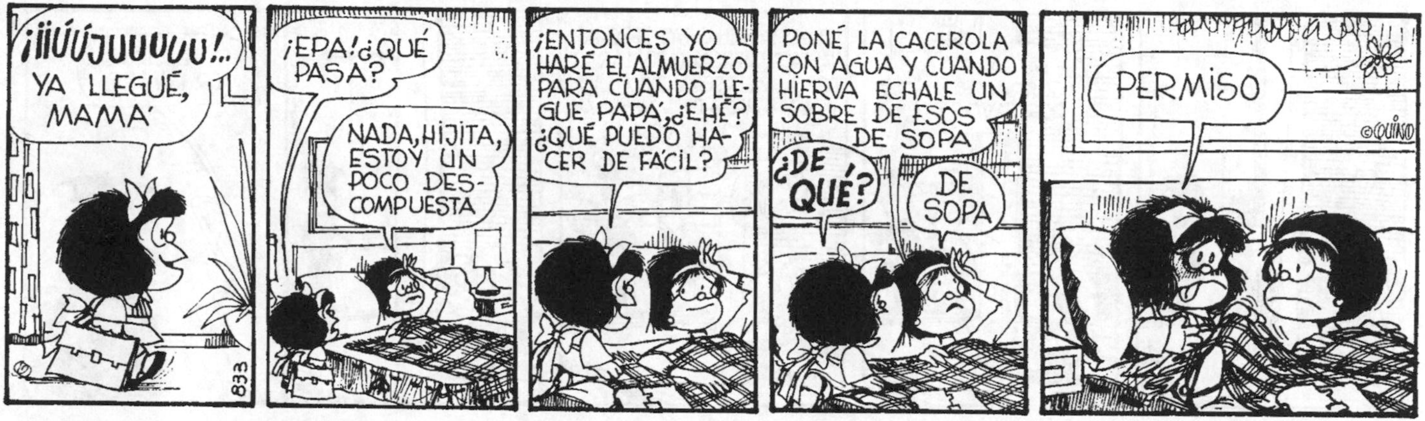
¡¡¡ÚÚJUUUUU!.. YA LLEGUÉ, MAMÁ
833
¡EPA! ¿QUÉ PASA?
NADA, HIJITA, ESTOY UN POCO DESCOMPUESTA
¡ENTONCES YO HARÉ EL ALMUERZO PARA CUANDO LLEGUE PAPÁ, ¿EHÉ? ¿QUÉ PUEDO HACER DE FÁCIL?
PONÉ LA CACEROLA CON AGUA Y CUANDO HIERVA ECHALE UN SOBRE DE ESOS DE SOPA
¿DE QUÉ?
DE SOPA
PERMISO
©QUINO

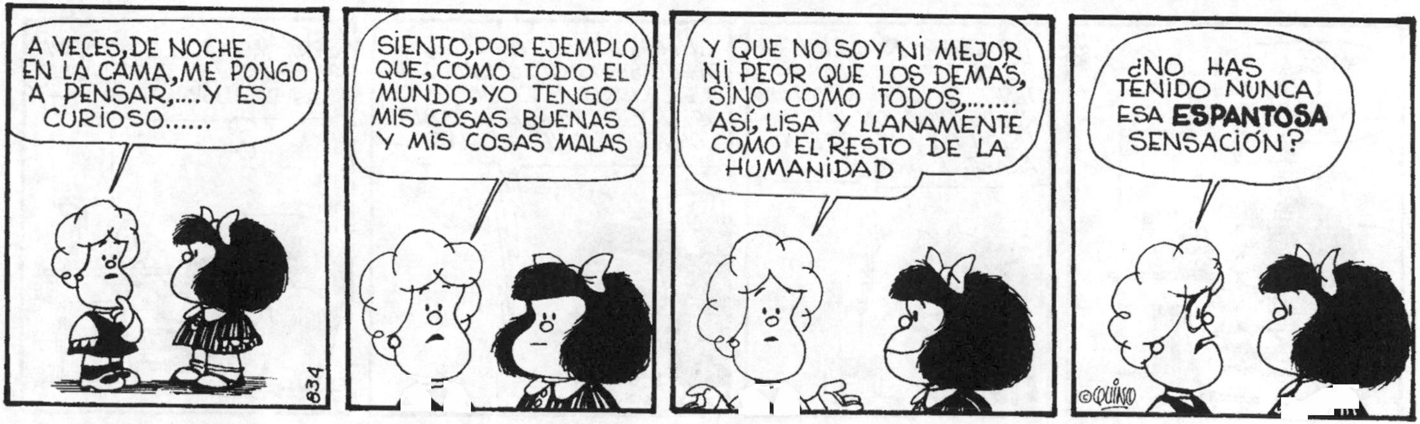
A VECES, DE NOCHE EN LA CAMA, ME PONGO A PENSAR,....Y ES CURIOSO......
834
SIENTO, POR EJEMPLO QUE, COMO TODO EL MUNDO, YO TENGO MIS COSAS BUENAS Y MIS COSAS MALAS
Y QUE NO SOY NI MEJOR NI PEOR QUE LOS DEMÁS, SINO COMO TODOS,....... ASÍ, LISA Y LLANAMENTE COMO EL RESTO DE LA HUMANIDAD
¿NO HAS TENIDO NUNCA ESA ESPANTOSA SENSACIÓN?
©QUINO

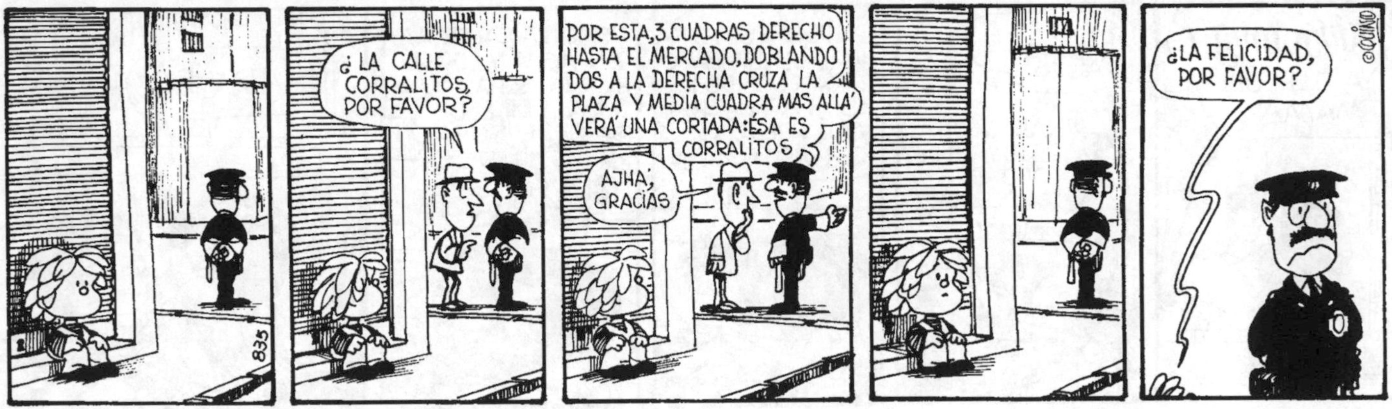
835
¿LA CALLE CORRALITOS, POR FAVOR?
POR ESTA, 3 CUADRAS DERECHO HASTA EL MERCADO, DOBLANDO DOS A LA DERECHA CRUZA LA PLAZA Y MEDIA CUADRA MAS ALLA' VERÁ UNA CORTADA: ÉSA ES CORRALITOS
AJHA, GRACIAS
¿LA FELICIDAD, POR FAVOR?
©QUINO

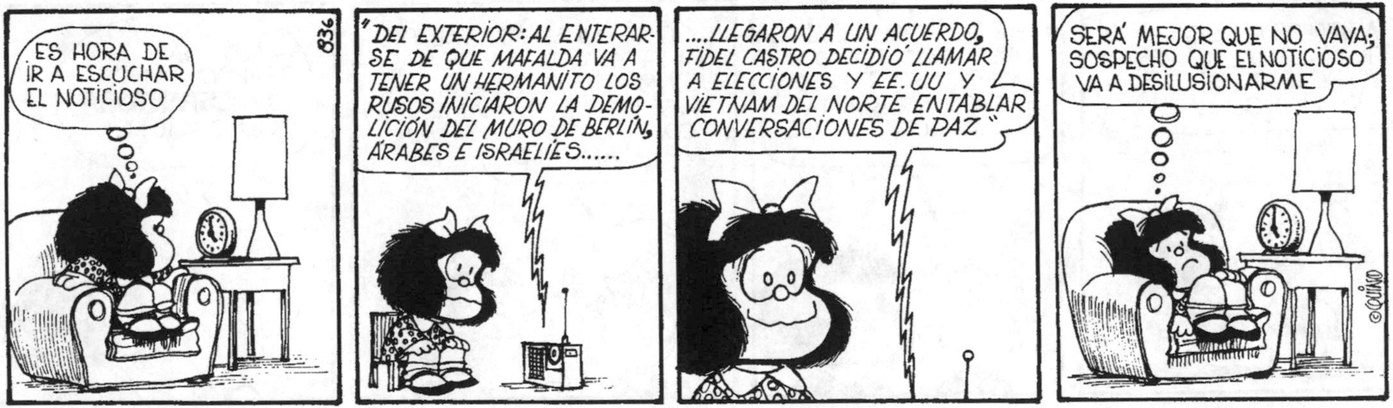
836
ES HORA DE IR A ESCUCHAR EL NOTICIOSO
"DEL EXTERIOR: AL ENTERARSE DE QUE MAFALDA VA A TENER UN HERMANITO LOS RUSOS INICIARON LA DEMOLICIÓN DEL MURO DE BERLÍN, ÁRABES E ISRAELÍES......
....LLEGARON A UN ACUERDO, FIDEL CASTRO DECIDIÓ LLAMAR A ELECCIONES Y EE. UU Y VIETNAM DEL NORTE ENTABLAR CONVERSACIONES DE PAZ"
SERÁ MEJOR QUE NO VAYA; SOSPECHO QUE EL NOTICIOSO VA A DESILUSIONARME
©QUINO

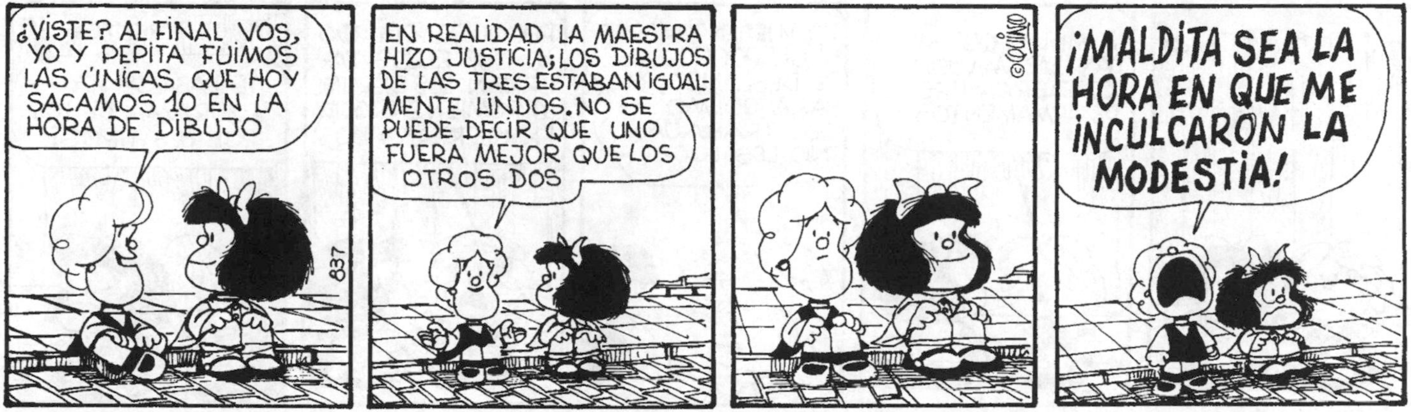
¿VISTE? AL FINAL VOS, YO Y PEPITA FUIMOS LAS ÚNICAS QUE HOY SACAMOS 10 EN LA HORA DE DIBUJO
837
EN REALIDAD LA MAESTRA HIZO JUSTICIA; LOS DIBUJOS DE LAS TRES ESTABAN IGUALMENTE LINDOS. NO SE PUEDE DECIR QUE UNO FUERA MEJOR QUE LOS OTROS DOS
©QUINO
¡MALDITA SEA LA HORA EN QUE ME INCULCARON LA MODESTIA!

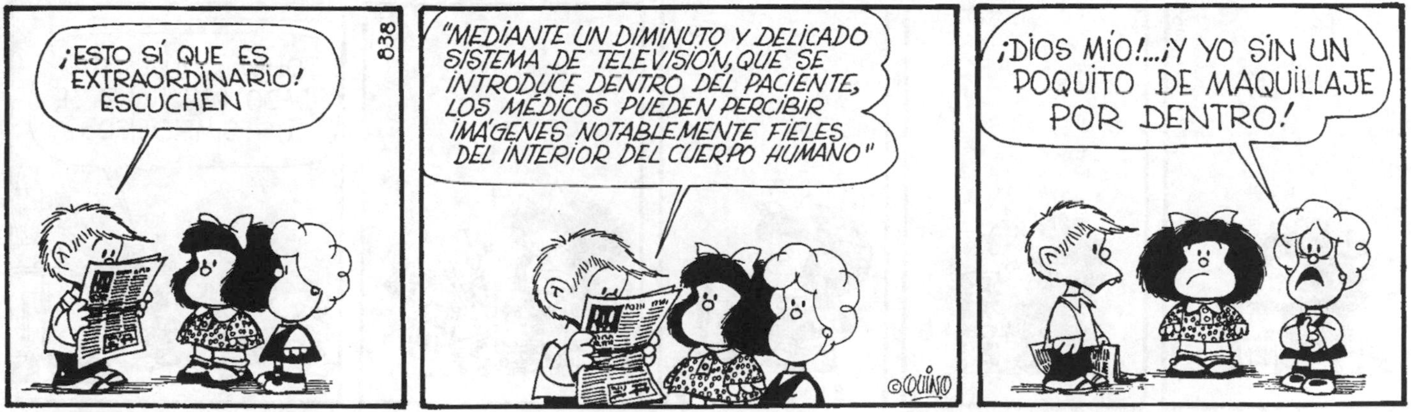
838
¡ESTO SÍ QUE ES EXTRAORDINARIO! ESCUCHEN
"MEDIANTE UN DIMINUTO Y DELICADO SISTEMA DE TELEVISIÓN, QUE SE INTRODUCE DENTRO DEL PACIENTE, LOS MÉDICOS PUEDEN PERCIBIR IMÁGENES NOTABLEMENTE FIELES DEL INTERIOR DEL CUERPO HUMANO"
©QUINO
¡DIOS MÍO!...¡Y YO SIN UN POQUITO DE MAQUILLAJE POR DENTRO!

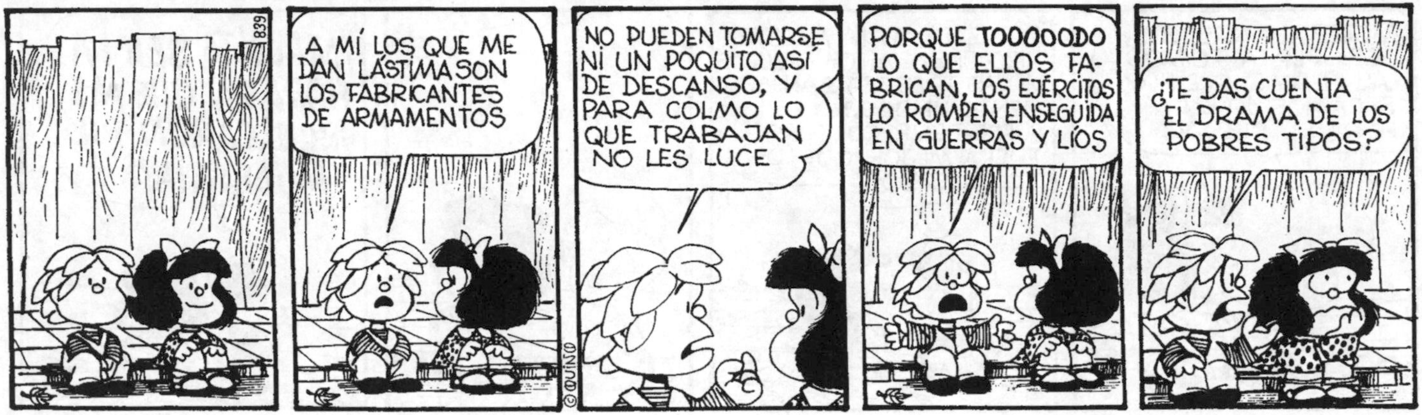
839
A MÍ LOS QUE ME DAN LÁSTIMA SON LOS FABRICANTES DE ARMAMENTOS
NO PUEDEN TOMARSE NI UN POQUITO ASÍ DE DESCANSO, Y PARA COLMO LO QUE TRABAJAN NO LES LUCE
© QUINO
PORQUE TOOOOODO LO QUE ELLOS FABRICAN, LOS EJÉRCITOS LO ROMPEN ENSEGUIDA EN GUERRAS Y LÍOS
¿TE DAS CUENTA EL DRAMA DE LOS POBRES TIPOS?

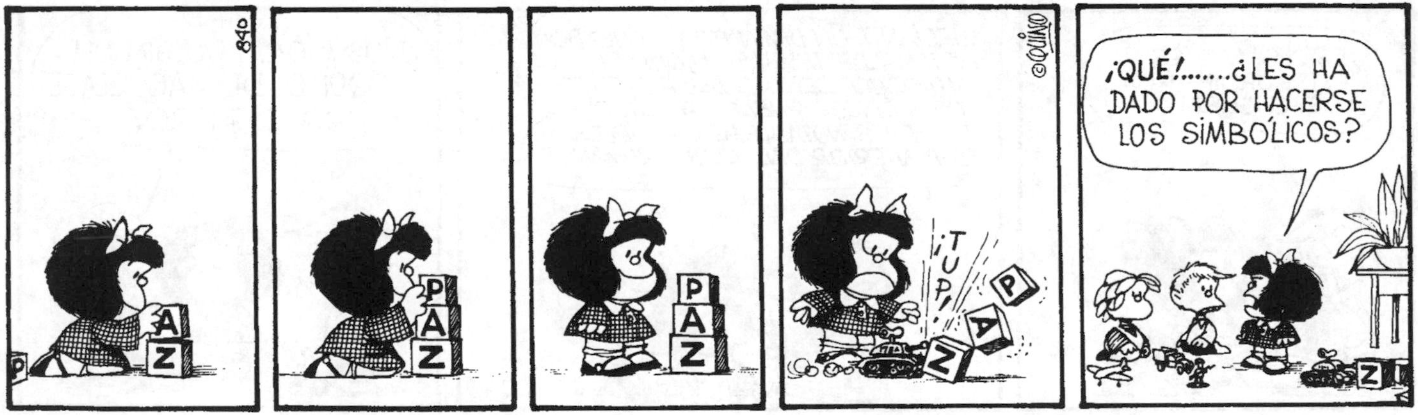
840
© QUINO
¡TUP!
¡QUÉ!.......¿LES HA DADO POR HACERSE LOS SIMBÓLICOS?

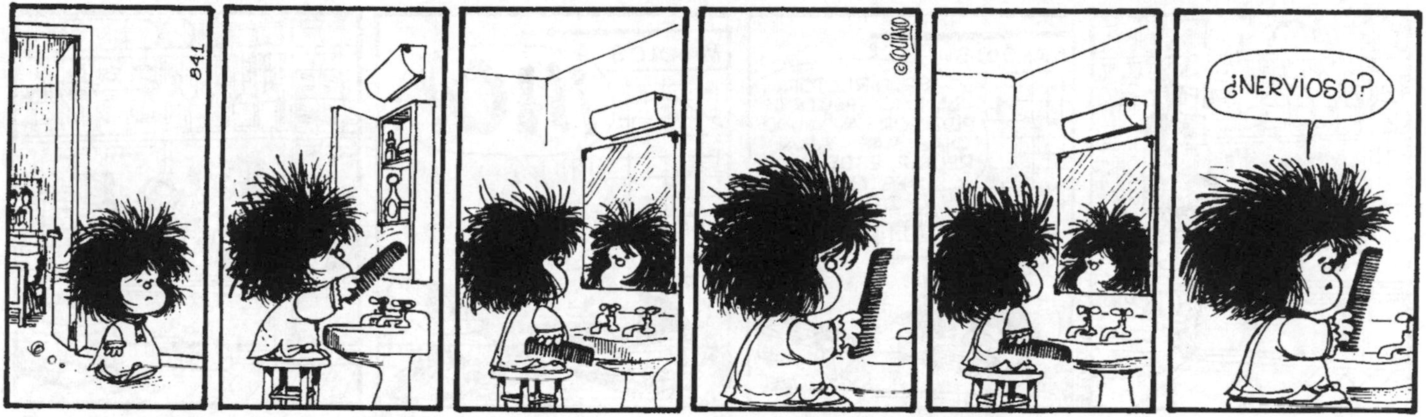
841
©QUINO
¿NERVIOSO?

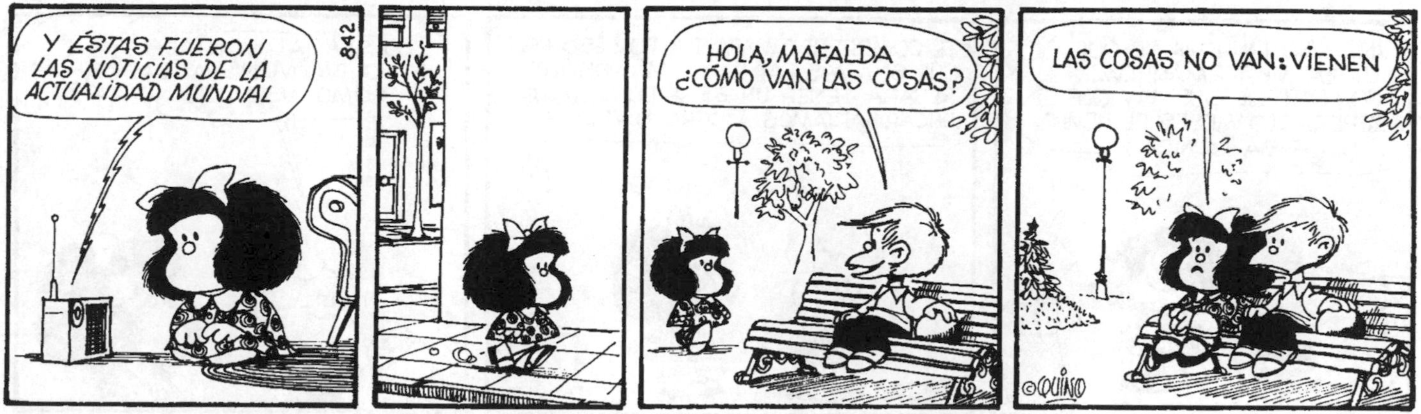
842
Y ÉSTAS FUERON LAS NOTICIAS DE LA ACTUALIDAD MUNDIAL
HOLA, MAFALDA ¿CÓMO VAN LAS COSAS?
LAS COSAS NO VAN: VIENEN
©QUINO

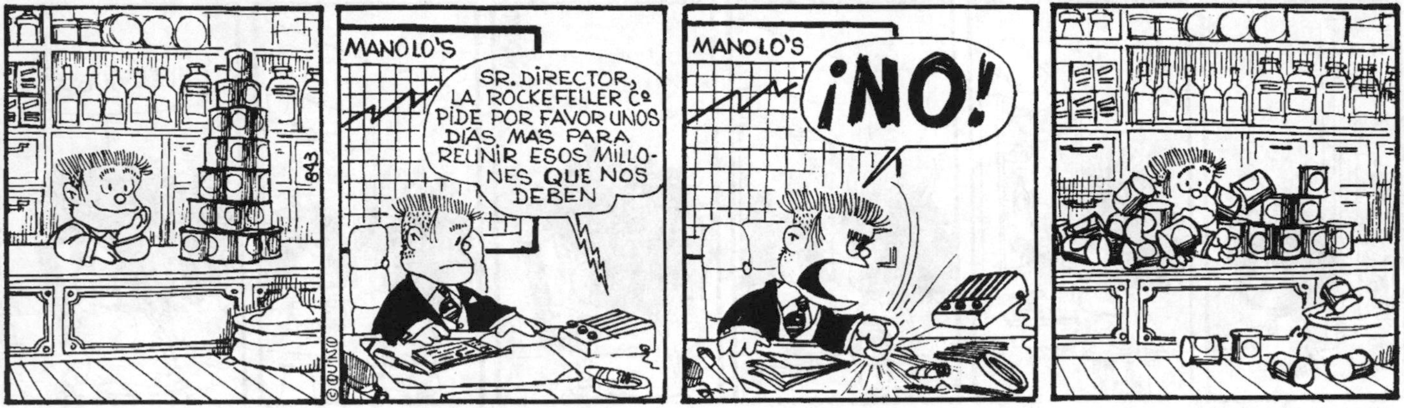
843
MANOLO'S
SR. DIRECTOR, LA ROCKEFELLER Cº PIDE POR FAVOR UNOS DÍAS MÁS PARA REUNIR ESOS MILLONES QUE NOS DEBEN
MANOLO'S
¡NO!
©QUINO

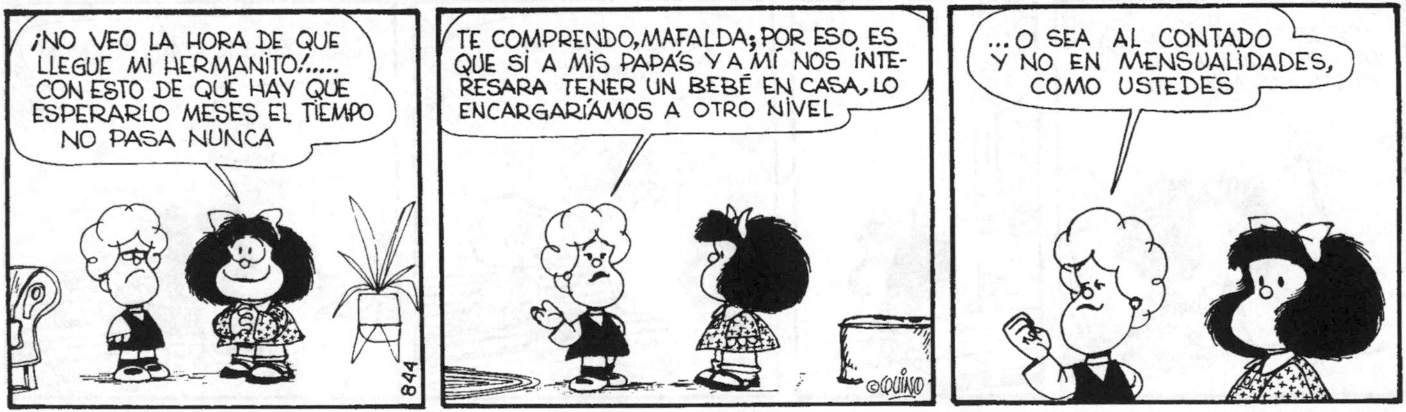
¡NO VEO LA HORA DE QUE LLEGUE MI HERMANITO!..... CON ESTO DE QUE HAY QUE ESPERARLO MESES EL TIEMPO NO PASA NUNCA
844
TE COMPRENDO, MAFALDA; POR ESO ES QUE SI A MIS PAPÁS Y A MÍ NOS INTERESARA TENER UN BEBÉ EN CASA, LO ENCARGARÍAMOS A OTRO NIVEL
©QUINO
...O SEA AL CONTADO Y NO EN MENSUALIDADES, COMO USTEDES

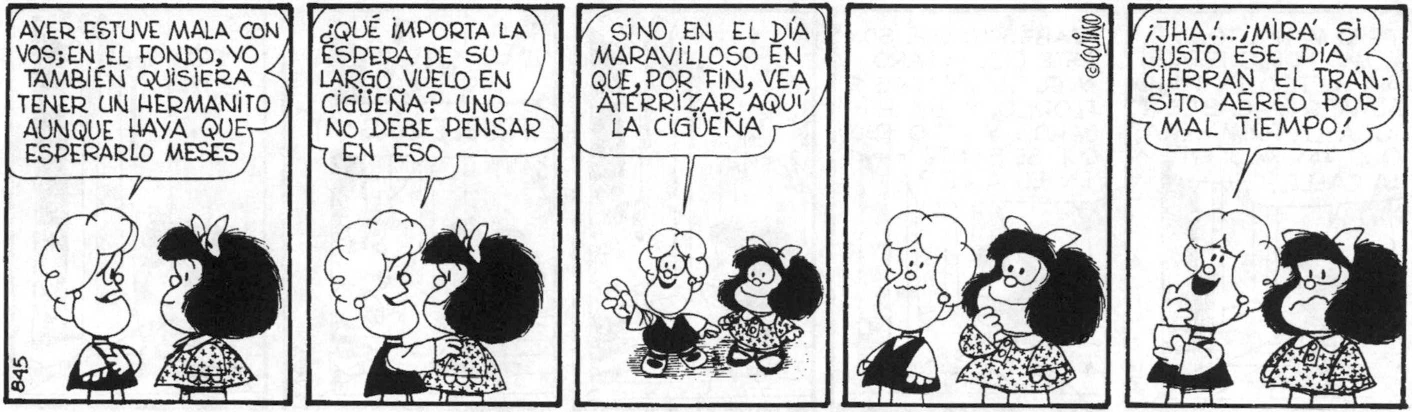
845
AYER ESTUVE MALA CON VOS; EN EL FONDO, YO TAMBIÉN QUISIERA TENER UN HERMANITO AUNQUE HAYA QUE ESPERARLO MESES
¿QUÉ IMPORTA LA ESPERA DE SU LARGO VUELO EN CIGÜEÑA? UNO NO DEBE PENSAR EN ESO
SINO EN EL DÍA MARAVILLOSO EN QUE, POR FIN, VEA ATERRIZAR AQUÍ LA CIGÜEÑA
©QUINO
¡JHA!... ¡MIRÁ SI JUSTO ESE DÍA CIERRAN EL TRÁNSITO AÉREO POR MAL TIEMPO!

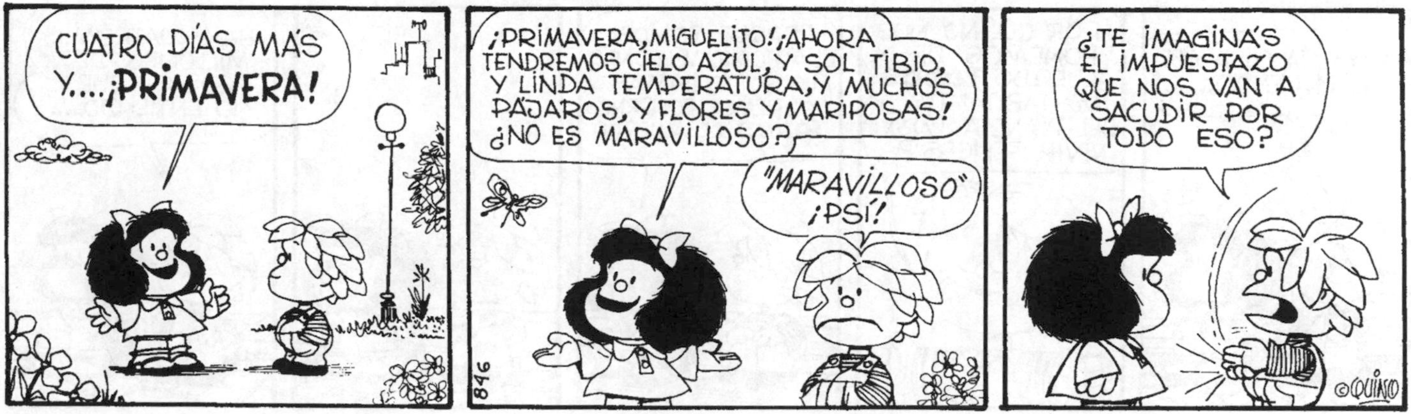
CUATRO DÍAS MÁS Y....¡PRIMAVERA!
846
¡PRIMAVERA, MIGUELITO! ¡AHORA TENDREMOS CIELO AZUL, Y SOL TIBIO, Y LINDA TEMPERATURA, Y MUCHOS PÁJAROS, Y FLORES Y MARIPOSAS! ¿NO ES MARAVILLOSO?
"MARAVILLOSO" ¡PSÍ!
¿TE IMAGINÁS EL IMPUESTAZO QUE NOS VAN A SACUDIR POR TODO ESO?
©QUINO

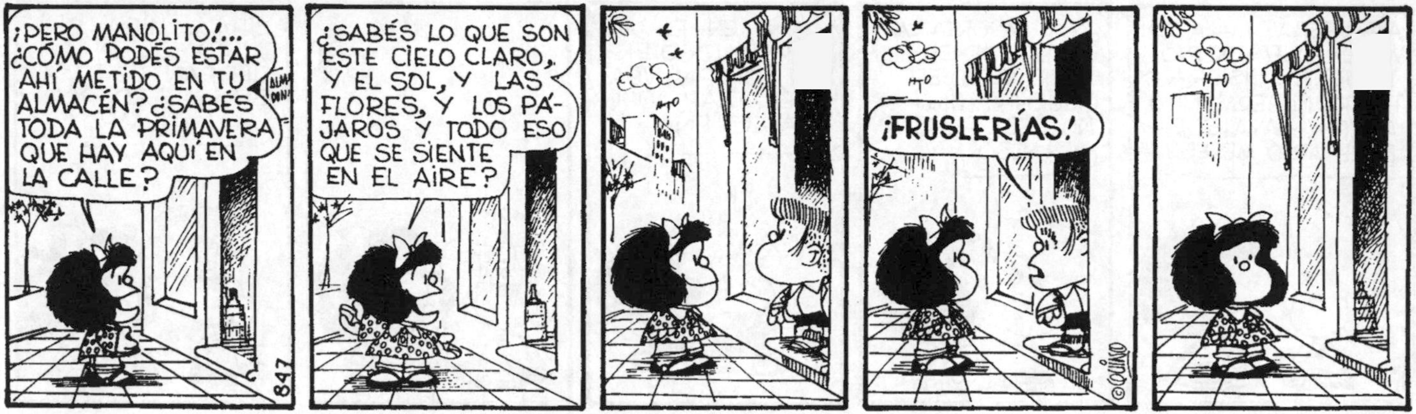
¡PERO MANOLITO!... ¿CÓMO PODÉS ESTAR AHÍ METIDO EN TU ALMACÉN? ¿SABÉS TODA LA PRIMAVERA QUE HAY AQUÍ EN LA CALLE?
847
¿SABÉS LO QUE SON ESTE CIELO CLARO, Y EL SOL, Y LAS FLORES, Y LOS PÁJAROS Y TODO ESO QUE SE SIENTE EN EL AIRE?
¡FRUSLERÍAS!
©QUINO

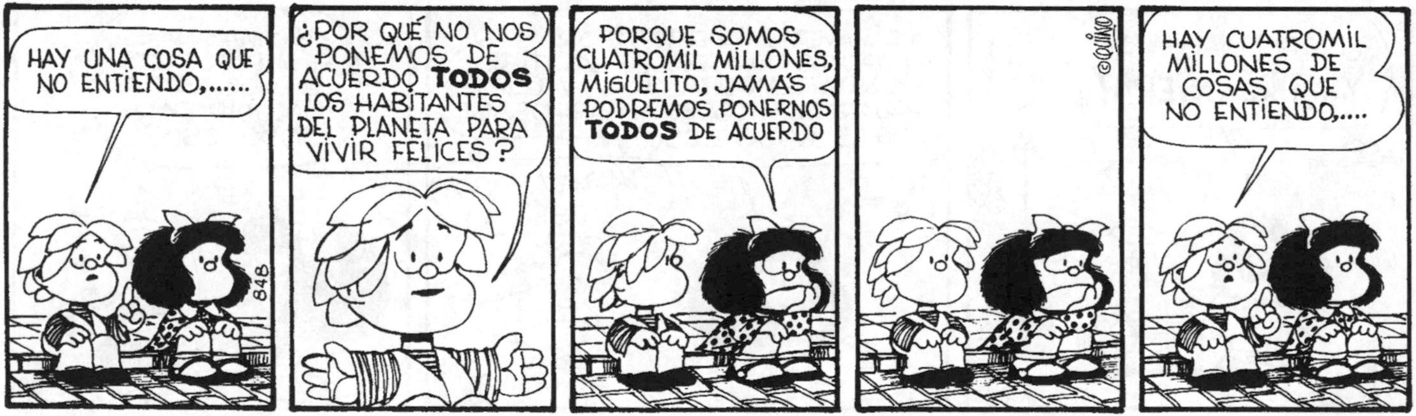
HAY UNA COSA QUE NO ENTIENDO,......
848
¿POR QUÉ NO NOS PONEMOS DE ACUERDO **TODOS** LOS HABITANTES DEL PLANETA PARA VIVIR FELICES?
PORQUE SOMOS CUATROMIL MILLONES, MIGUELITO, JAMÁS PODREMOS PONERNOS **TODOS** DE ACUERDO
©QUINO
HAY CUATROMIL MILLONES DE COSAS QUE NO ENTIENDO,....

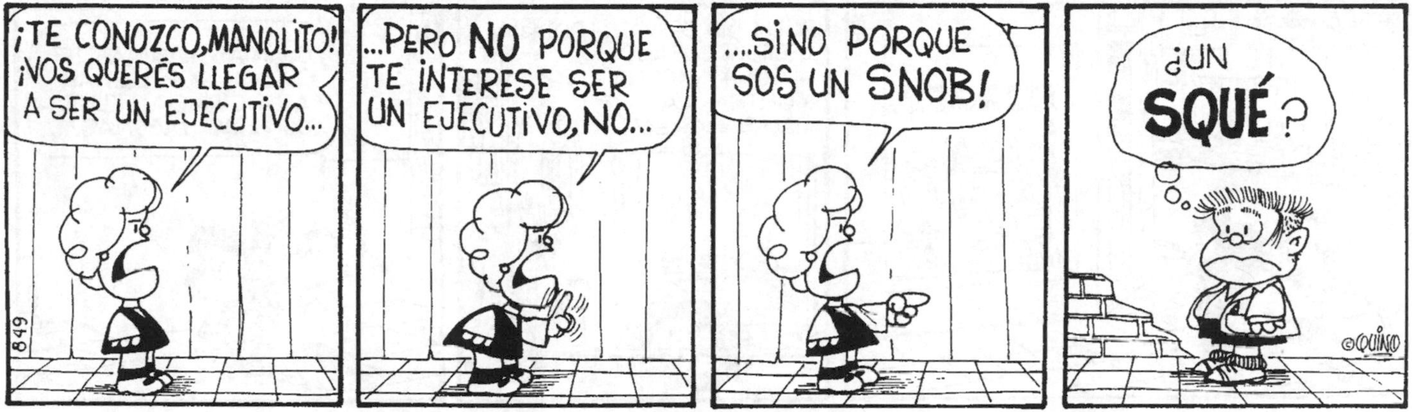
¡TE CONOZCO, MANOLITO! ¡VOS QUERÉS LLEGAR A SER UN EJECUTIVO...
...PERO NO PORQUE TE INTERESE SER UN EJECUTIVO, NO...
....SINO PORQUE SOS UN SNOB!
¿UN SQUÉ?
849
©QUINO

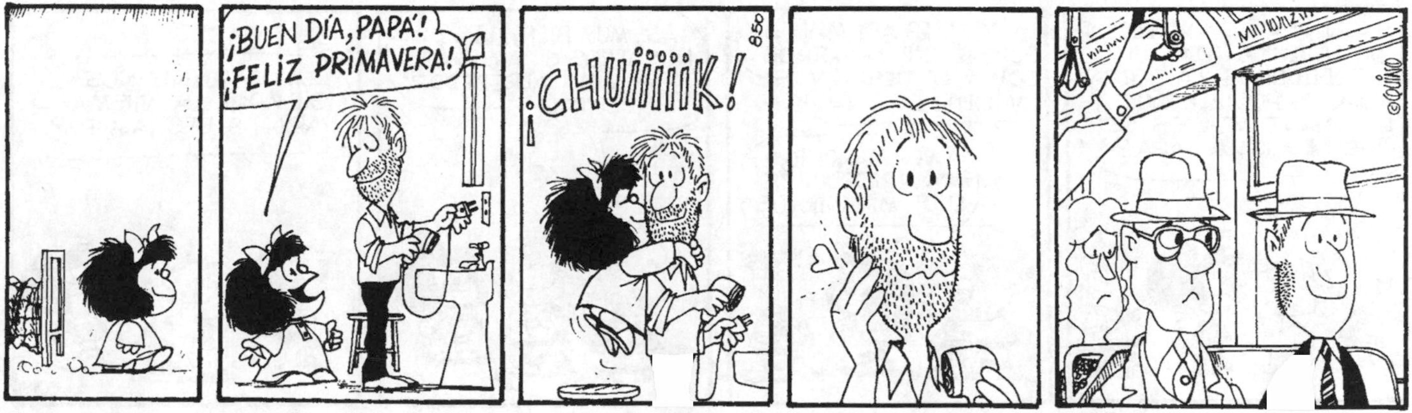
¡BUEN DÍA, PAPÁ! ¡FELIZ PRIMAVERA!
¡CHUiiiiiK!
850
©QUINO

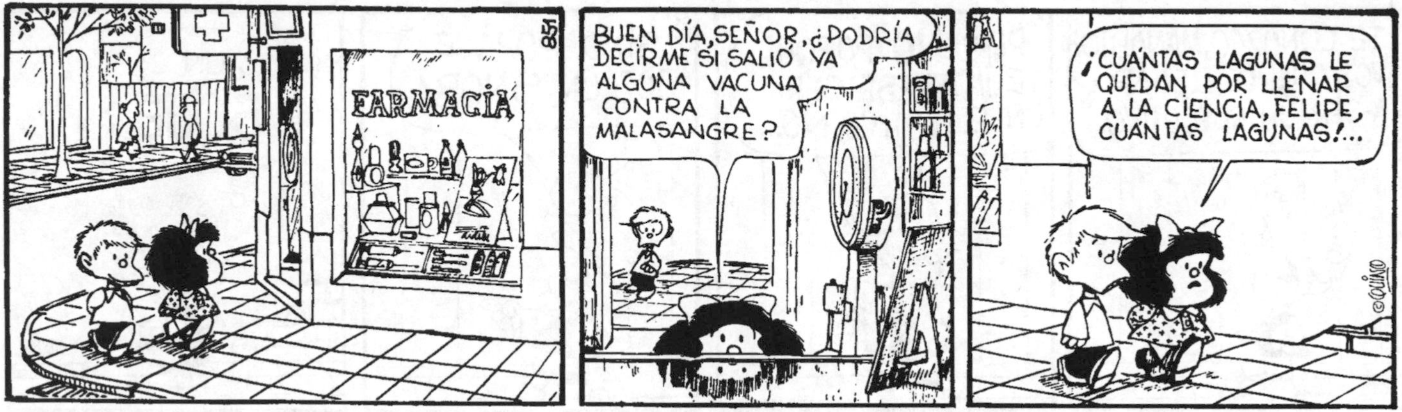
851
FARMACIA
BUEN DÍA, SEÑOR, ¿PODRÍA DECIRME SI SALIÓ YA ALGUNA VACUNA CONTRA LA MALASANGRE?
¡CUÁNTAS LAGUNAS LE QUEDAN POR LLENAR A LA CIENCIA, FELIPE, CUÁNTAS LAGUNAS!...
©QUINO

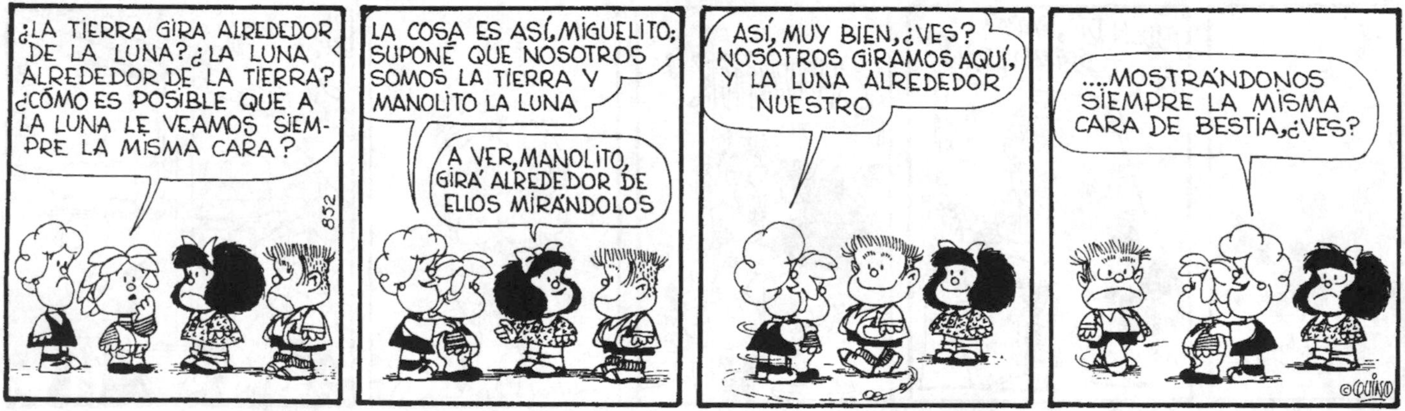
¿LA TIERRA GIRA ALREDEDOR DE LA LUNA? ¿LA LUNA ALREDEDOR DE LA TIERRA? ¿CÓMO ES POSIBLE QUE A LA LUNA LE VEAMOS SIEMPRE LA MISMA CARA?
852
LA COSA ES ASÍ, MIGUELITO; SUPONÉ QUE NOSOTROS SOMOS LA TIERRA Y MANOLITO LA LUNA
A VER, MANOLITO, GIRÁ ALREDEDOR DE ELLOS MIRÁNDOLOS
ASÍ, MUY BIEN, ¿VES? NOSOTROS GIRAMOS AQUÍ, Y LA LUNA ALREDEDOR NUESTRO
....MOSTRÁNDONOS SIEMPRE LA MISMA CARA DE BESTIA, ¿VES?
©QUINO

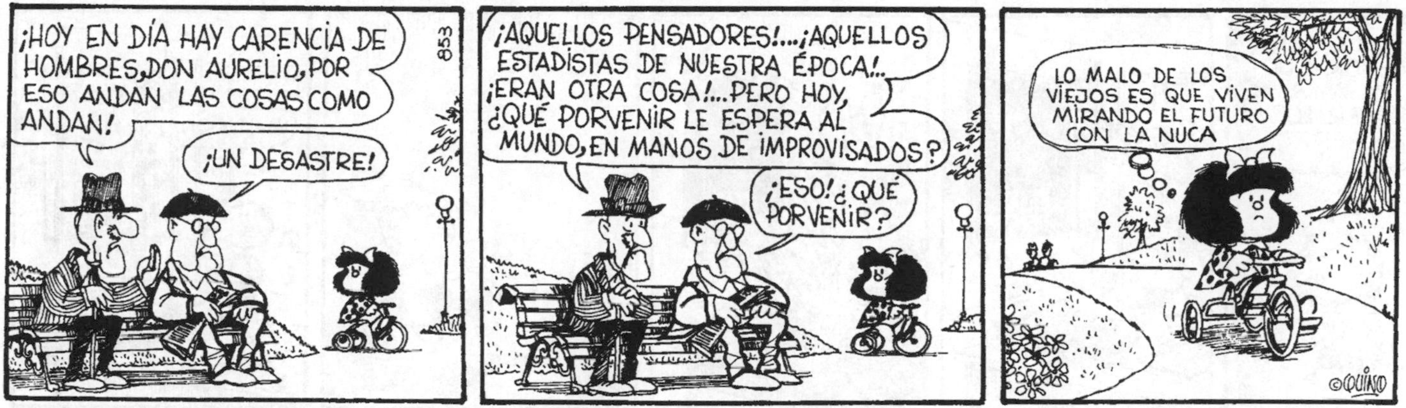
853
¡HOY EN DÍA HAY CARENCIA DE HOMBRES, DON AURELIO, POR ESO ANDAN LAS COSAS COMO ANDAN!
¡UN DESASTRE!
¡AQUELLOS PENSADORES!...¡AQUELLOS ESTADISTAS DE NUESTRA ÉPOCA!.. ¡ERAN OTRA COSA!...PERO HOY, ¿QUÉ PORVENIR LE ESPERA AL MUNDO, EN MANOS DE IMPROVISADOS?
¡ESO! ¿QUÉ PORVENIR?
LO MALO DE LOS VIEJOS ES QUE VIVEN MIRANDO EL FUTURO CON LA NUCA
©QUINO

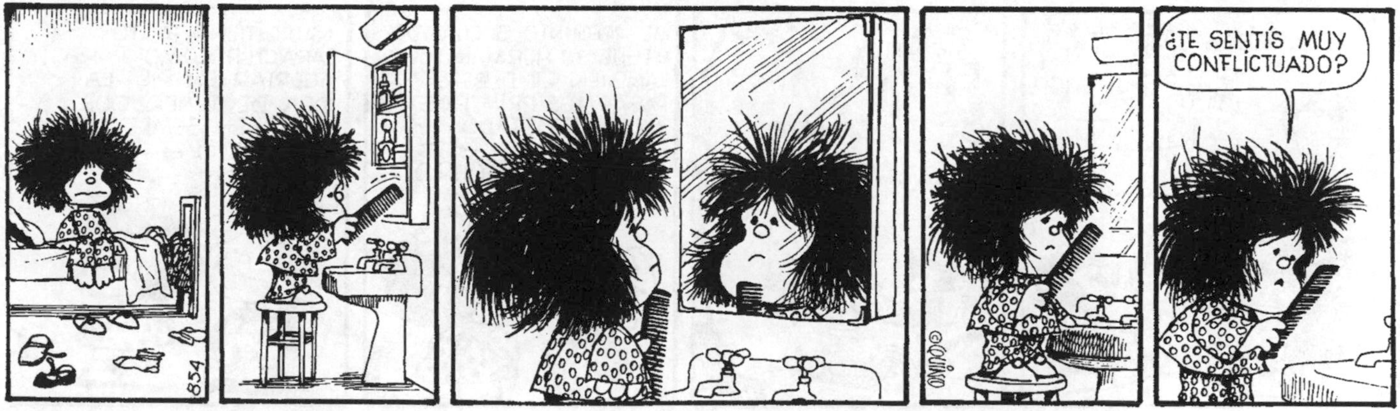
854
©QUINO
¿TE SENTÍS MUY CONFLICTUADO?

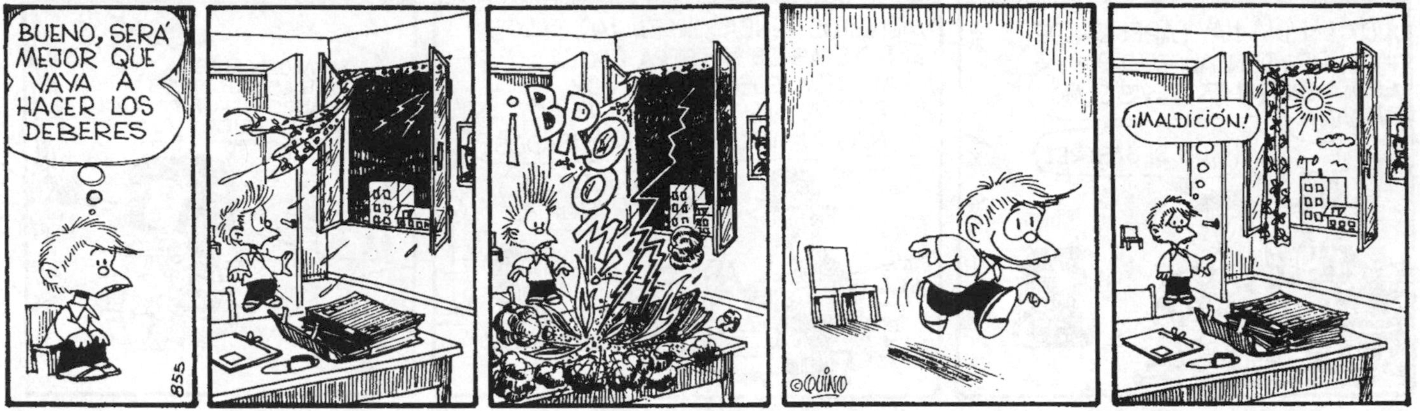

BUENO, SERÁ MEJOR QUE VAYA A HACER LOS DEBERES
855
¡BROOM!
©QUINO
¡MALDICIÓN!

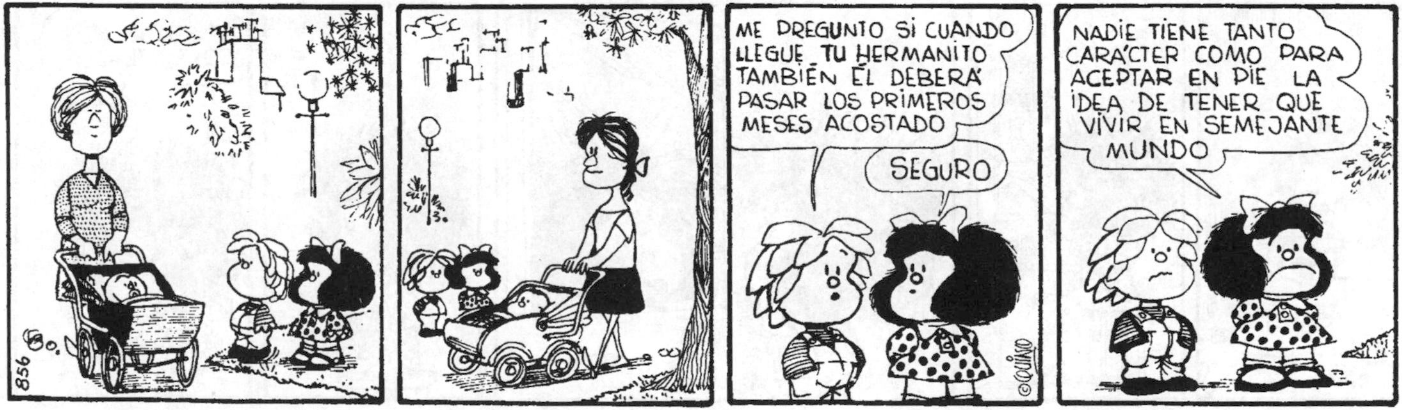

856
ME PREGUNTO SI CUANDO LLEGUE TU HERMANITO TAMBIÉN ÉL DEBERÁ PASAR LOS PRIMEROS MESES ACOSTADO
SEGURO
©QUINO
NADIE TIENE TANTO CARÁCTER COMO PARA ACEPTAR EN PIE LA IDEA DE TENER QUE VIVIR EN SEMEJANTE MUNDO

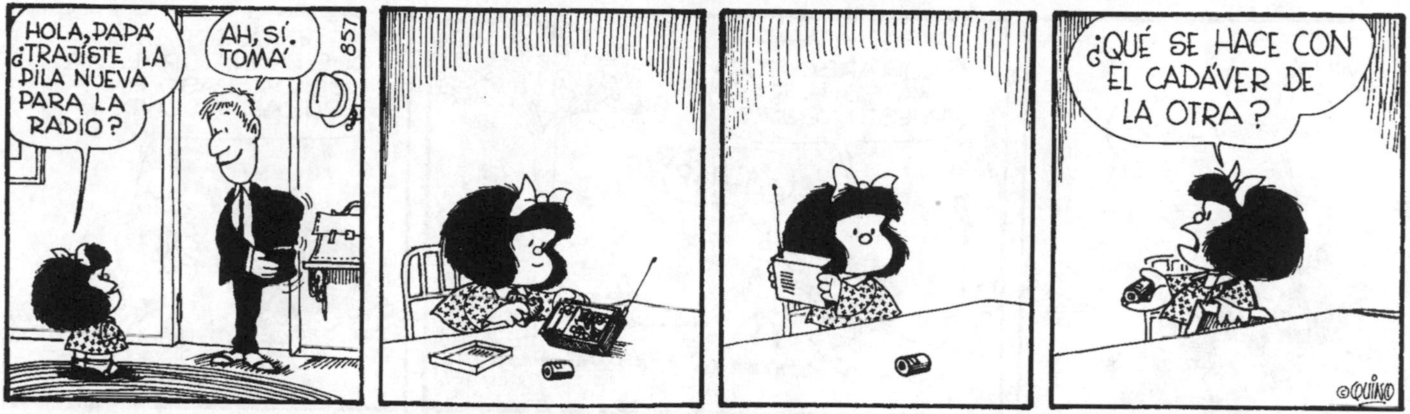
857
HOLA, PAPÁ ¿TRAJISTE LA PILA NUEVA PARA LA RADIO?
AH, SÍ. TOMÁ
¿QUÉ SE HACE CON EL CADÁVER DE LA OTRA?
©QUINO

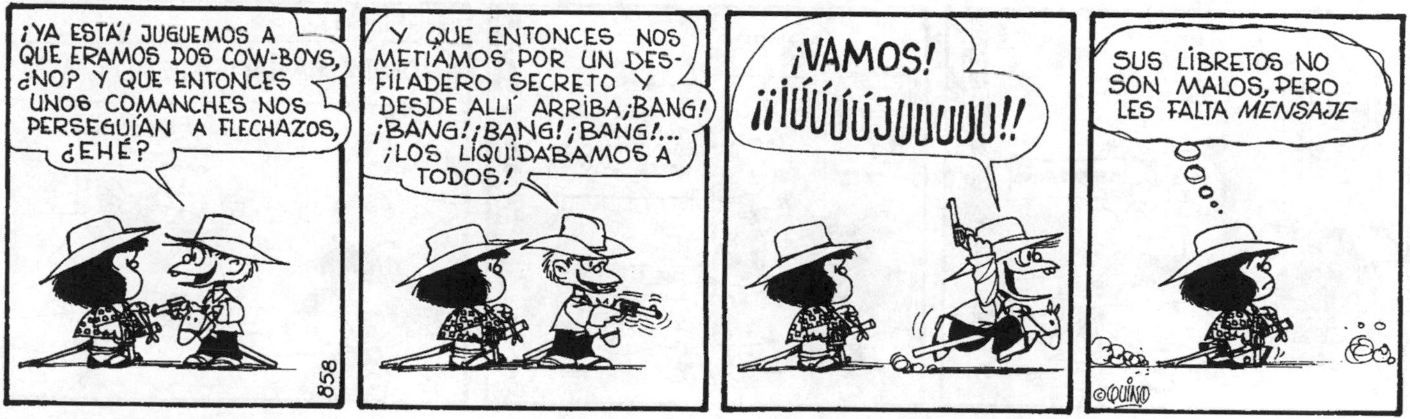
858
¡YA ESTÁ! JUGUEMOS A QUE ERAMOS DOS COW-BOYS, ¿NO? Y QUE ENTONCES UNOS COMANCHES NOS PERSEGUÍAN A FLECHAZOS, ¿EHÉ?
Y QUE ENTONCES NOS METÍAMOS POR UN DESFILADERO SECRETO Y DESDE ALLÍ ARRIBA ¡BANG! ¡BANG! ¡BANG! ¡BANG!... ¡LOS LIQUIDÁBAMOS A TODOS!
¡VAMOS! ¡¡IÚÚÚÚJUUUUU!!
SUS LIBRETOS NO SON MALOS, PERO LES FALTA *MENSAJE*
©QUINO

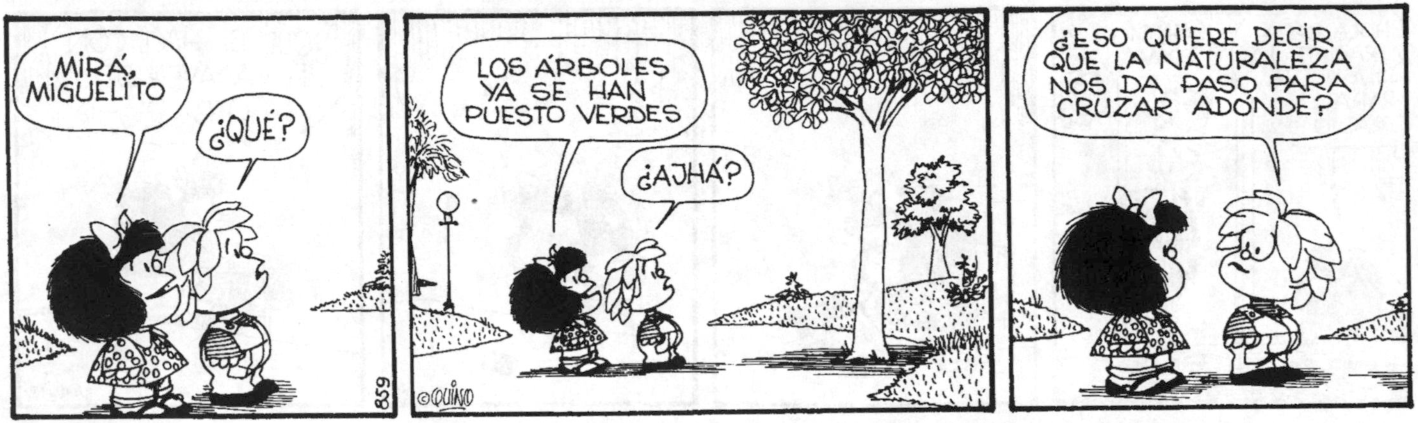
MIRÁ, MIGUELITO
¿QUÉ?
859
LOS ÁRBOLES YA SE HAN PUESTO VERDES
¿AJHÁ?
©QUINO
¿ESO QUIERE DECIR QUE LA NATURALEZA NOS DA PASO PARA CRUZAR ADÓNDE?

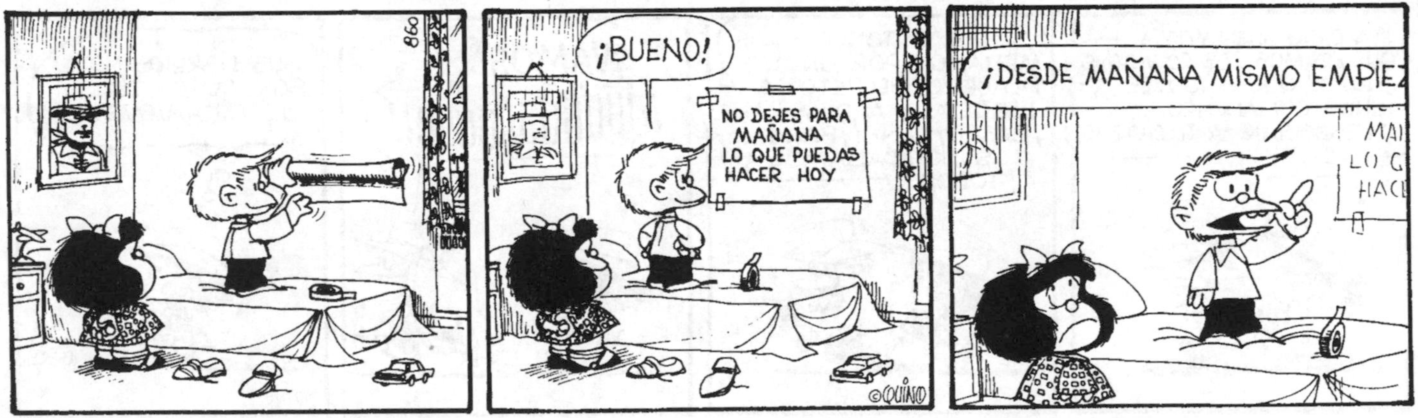
860
¡BUENO!
NO DEJES PARA MAÑANA LO QUE PUEDAS HACER HOY
©QUINO
¡DESDE MAÑANA MISMO EMPIEZ

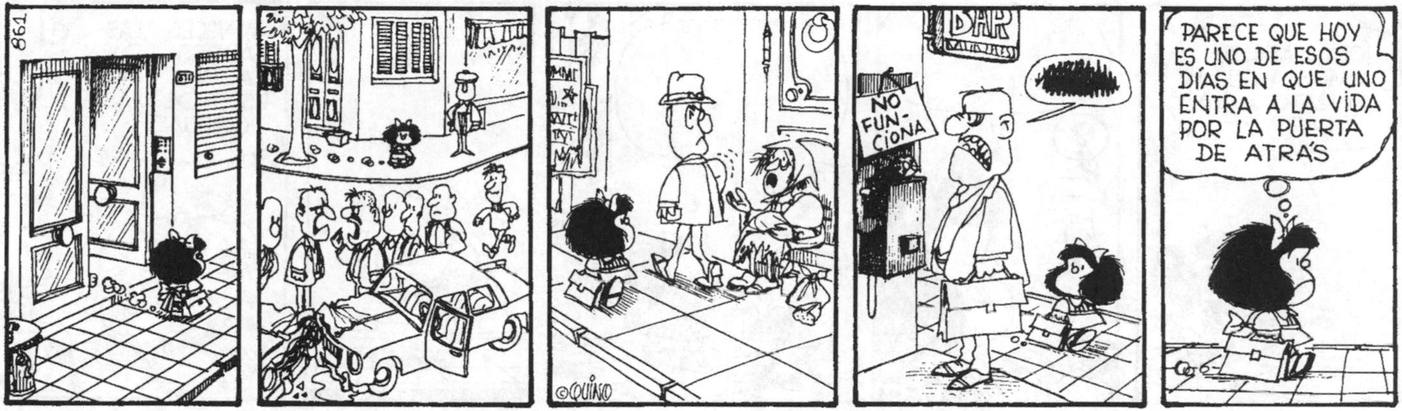
861
BAR
NO FUNCIONA
PARECE QUE HOY ES UNO DE ESOS DÍAS EN QUE UNO ENTRA A LA VIDA POR LA PUERTA DE ATRÁS
©QUINO

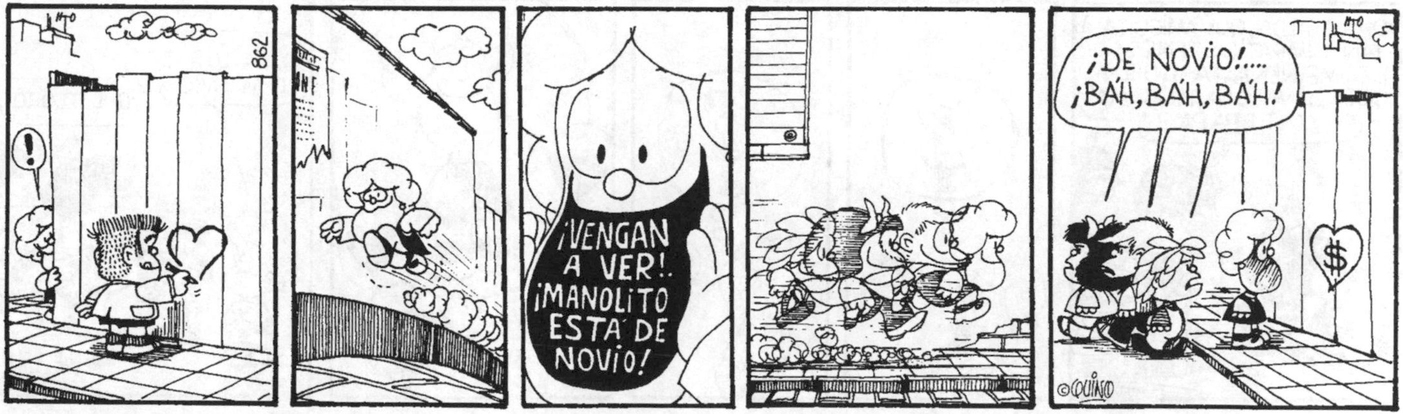
862
!
¡VENGAN A VER!. ¡MANOLITO ESTÁ DE NOVIO!
¡DE NOVIO!.... ¡BÁH, BÁH, BÁH!
$
©QUINO

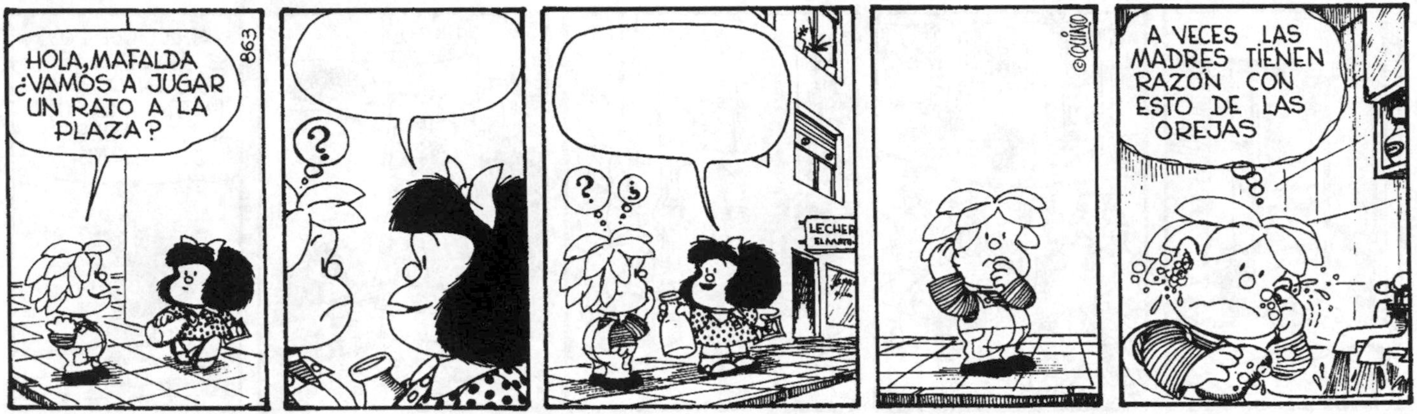
863
HOLA, MAFALDA ¿VAMOS A JUGAR UN RATO A LA PLAZA?
?
? ¿
LECHER
©QUINO
A VECES LAS MADRES TIENEN RAZÓN CON ESTO DE LAS OREJAS

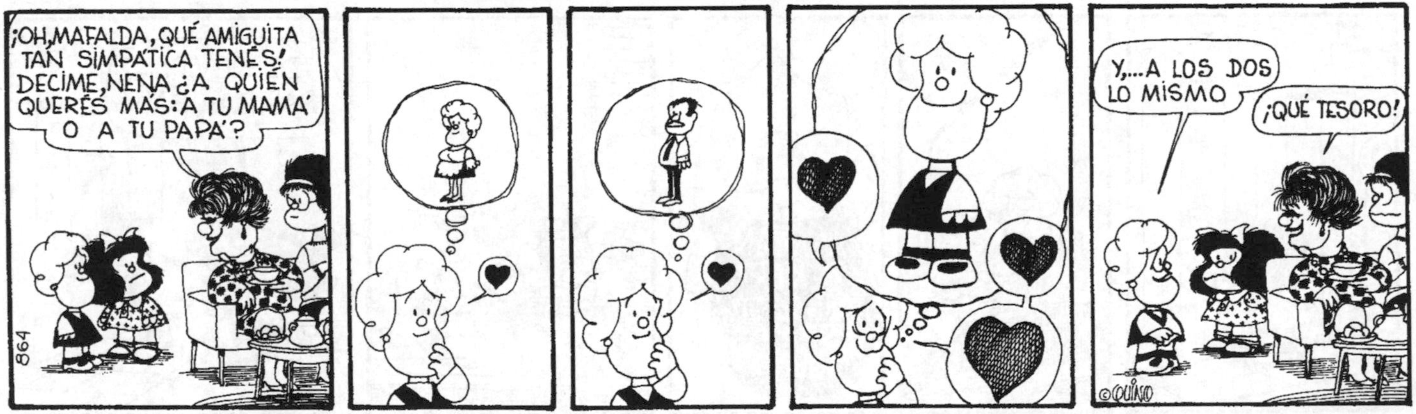
¡OH, MAFALDA, QUÉ AMIGUITA TAN SIMPÁTICA TENÉS! DECIME, NENA ¿A QUIÉN QUERÉS MÁS: A TU MAMÁ O A TU PAPÁ?
864
Y,... A LOS DOS LO MISMO
¡QUÉ TESORO!
©QUINO

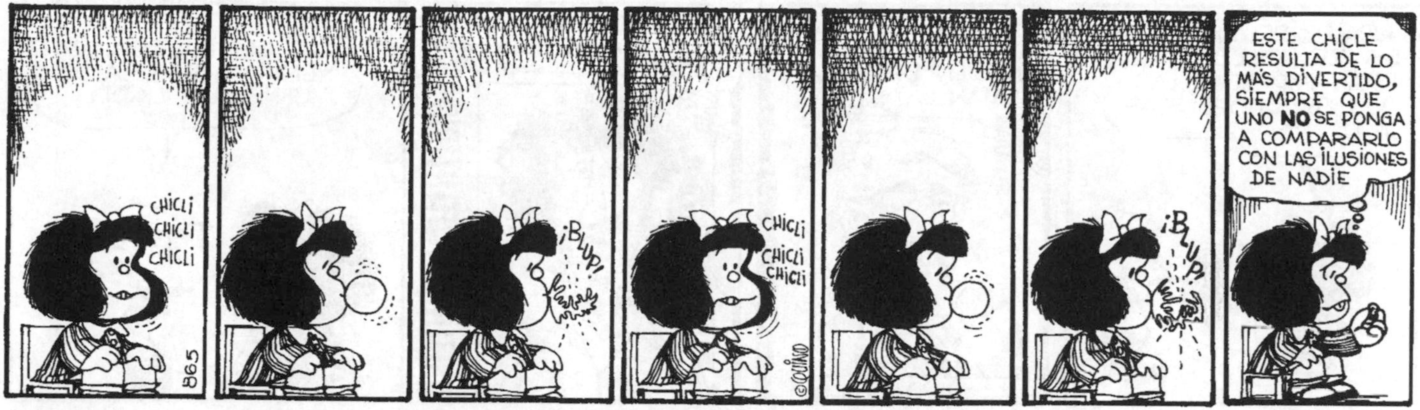
CHICLI
CHICLI
CHICLI
865
¡BLUP!
CHICLI
CHICLI
CHICLI
©QUINO
¡BLUP!
ESTE CHICLE RESULTA DE LO MÁS DIVERTIDO, SIEMPRE QUE UNO **NO** SE PONGA A COMPARARLO CON LAS ILUSIONES DE NADIE

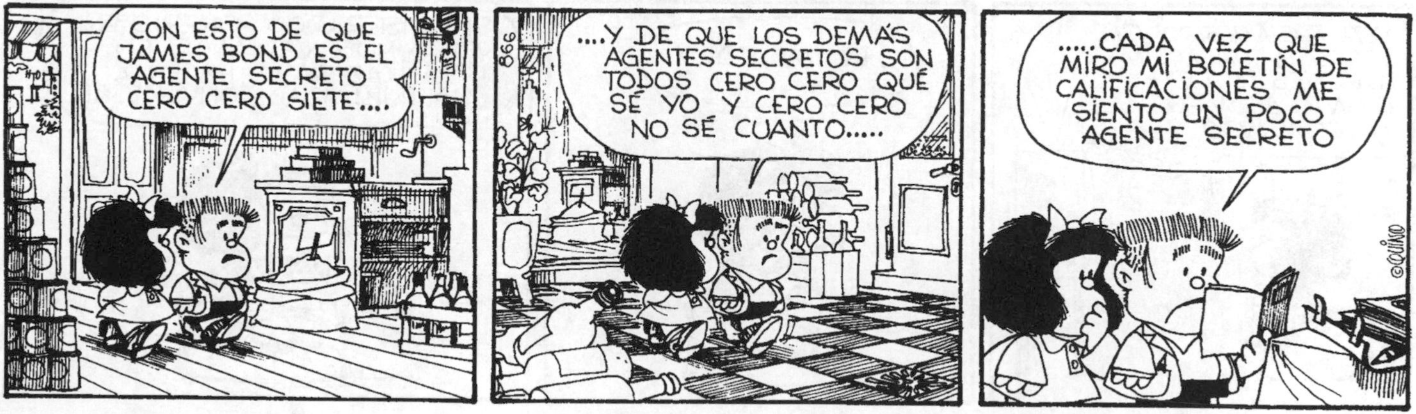
CON ESTO DE QUE JAMES BOND ES EL AGENTE SECRETO CERO CERO SIETE....
866
....Y DE QUE LOS DEMÁS AGENTES SECRETOS SON TODOS CERO CERO QUÉ SÉ YO Y CERO CERO NO SÉ CUANTO.....
.....CADA VEZ QUE MIRO MI BOLETÍN DE CALIFICACIONES ME SIENTO UN POCO AGENTE SECRETO
©QUINO

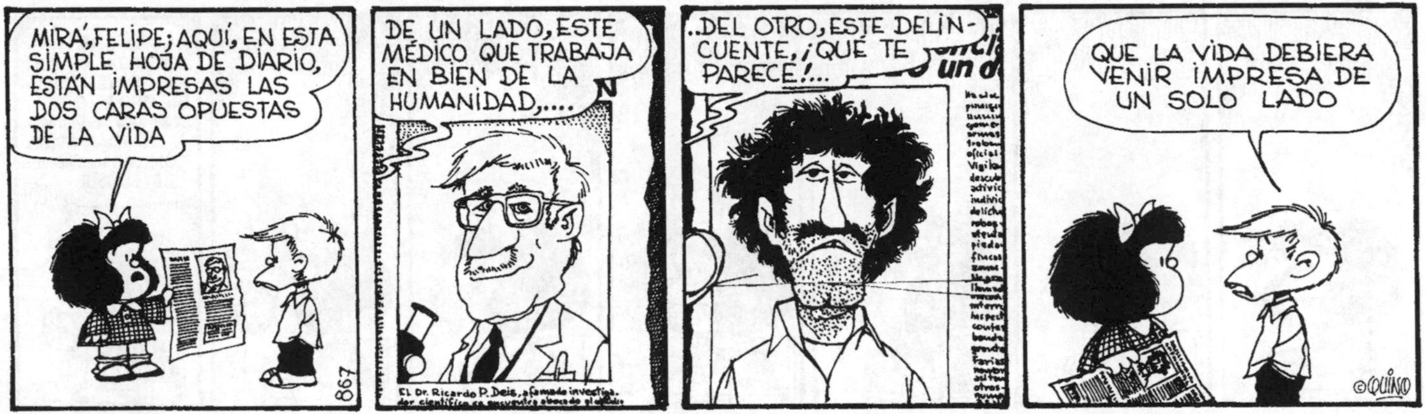
MIRÁ, FELIPE; AQUÍ, EN ESTA SIMPLE HOJA DE DIARIO, ESTÁN IMPRESAS LAS DOS CARAS OPUESTAS DE LA VIDA
867
DE UN LADO, ESTE MÉDICO QUE TRABAJA EN BIEN DE LA HUMANIDAD,....
El Dr. Ricardo P. Deis, afamado investiga-
..DEL OTRO, ESTE DELINCUENTE, ¡QUÉ TE PARECE!...
QUE LA VIDA DEBIERA VENIR IMPRESA DE UN SOLO LADO
©QUINO

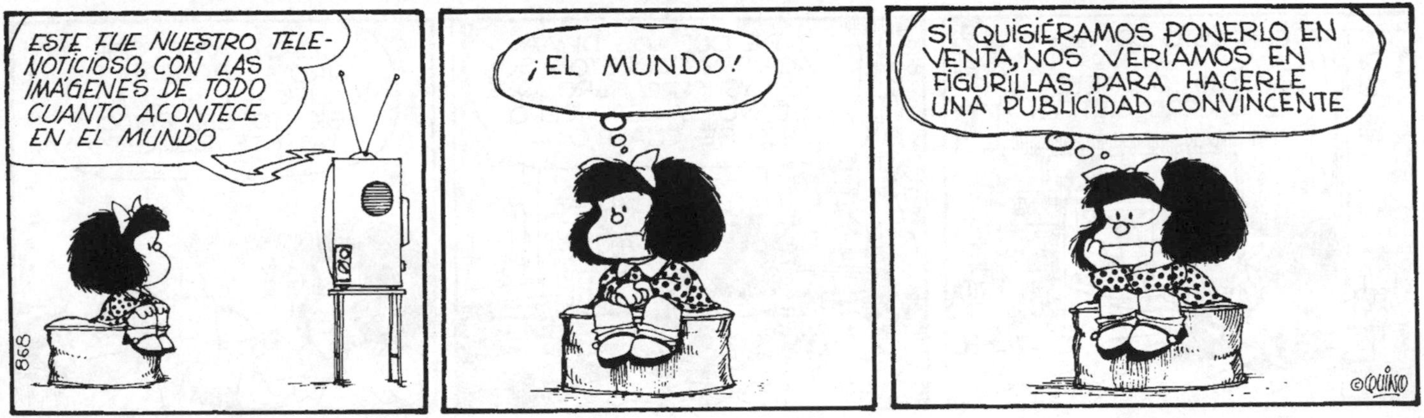
ESTE FUE NUESTRO TELENOTICIOSO, CON LAS IMÁGENES DE TODO CUANTO ACONTECE EN EL MUNDO
868
¡EL MUNDO!
SI QUISIÉRAMOS PONERLO EN VENTA, NOS VERÍAMOS EN FIGURILLAS PARA HACERLE UNA PUBLICIDAD CONVINCENTE
©QUINO

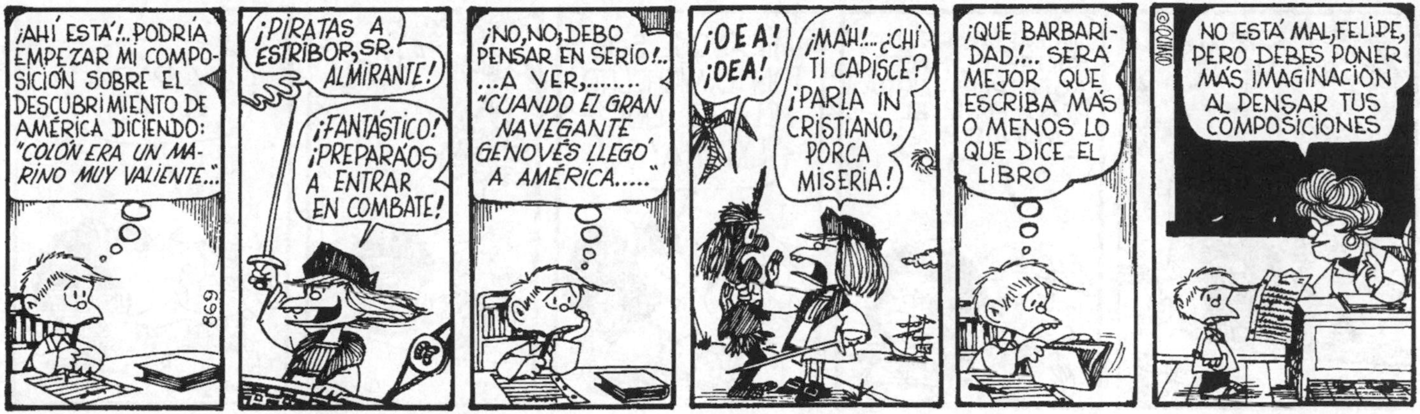
¡AHÍ ESTÁ!... PODRÍA EMPEZAR MI COMPOSICIÓN SOBRE EL DESCUBRIMIENTO DE AMÉRICA DICIENDO: "COLÓN ERA UN MARINO MUY VALIENTE..."
869
¡PIRATAS A ESTRIBOR, SR. ALMIRANTE!
¡FANTÁSTICO! ¡PREPARAOS A ENTRAR EN COMBATE!
¡NO, NO; DEBO PENSAR EN SERIO!... ...A VER,........ "CUANDO EL GRAN NAVEGANTE GENOVÉS LLEGÓ A AMÉRICA....."
¡OEA! ¡OEA!
¡MAH!... ¿CHI TI CAPISCE? ¡PARLA IN CRISTIANO, PORCA MISERIA!
¡QUÉ BARBARIDAD!... SERÁ MEJOR QUE ESCRIBA MÁS O MENOS LO QUE DICE EL LIBRO
©QUINO
NO ESTÁ MAL, FELIPE, PERO DEBES PONER MÁS IMAGINACIÓN AL PENSAR TUS COMPOSICIONES

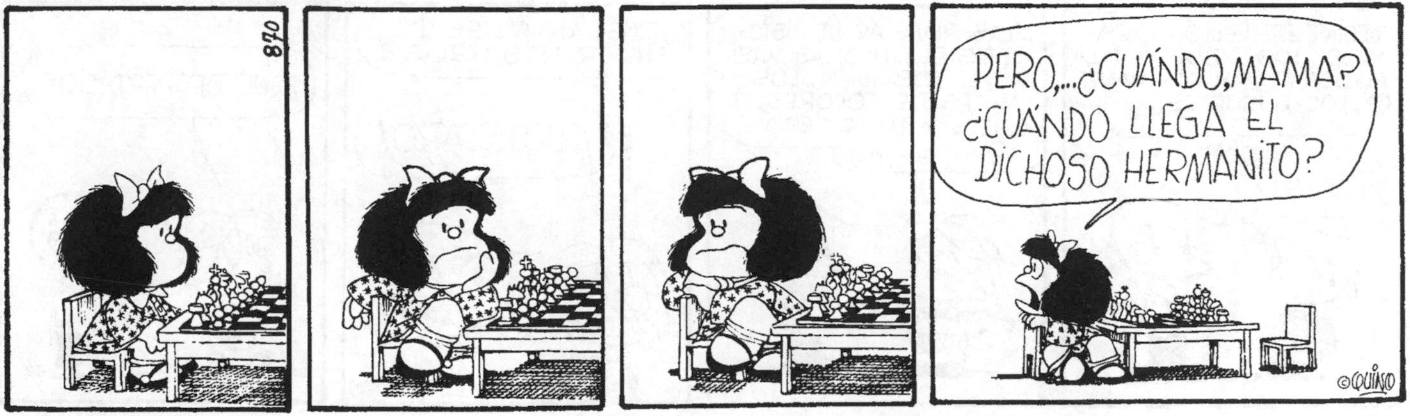
870
PERO,...¿CUÁNDO, MAMÁ? ¿CUÁNDO LLEGA EL DICHOSO HERMANITO?
©QUINO

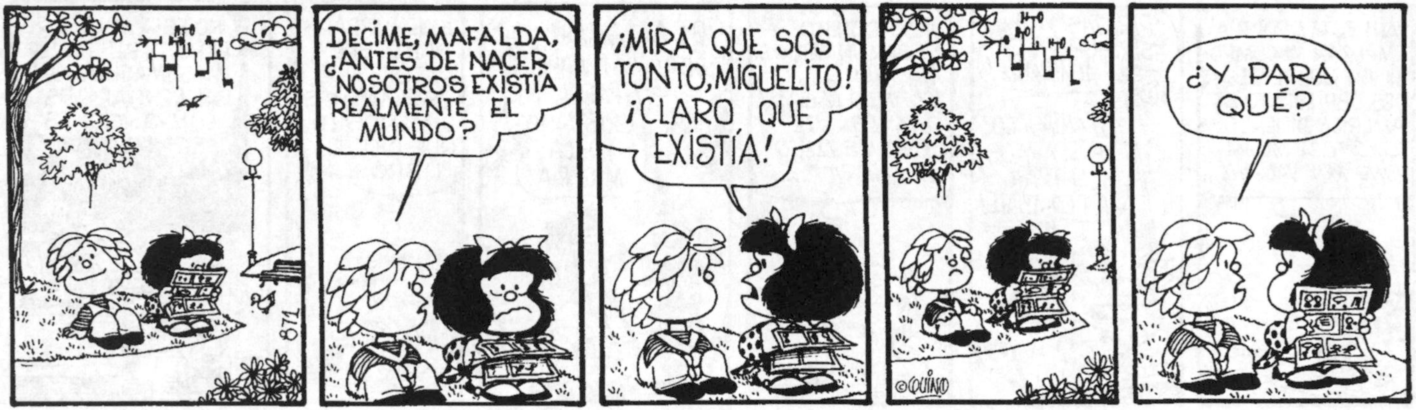
871
DECIME, MAFALDA, ¿ANTES DE NACER NOSOTROS EXISTÍA REALMENTE EL MUNDO?
¡MIRÁ QUE SOS TONTO, MIGUELITO! ¡CLARO QUE EXISTÍA!
©QUINO
¿Y PARA QUÉ?

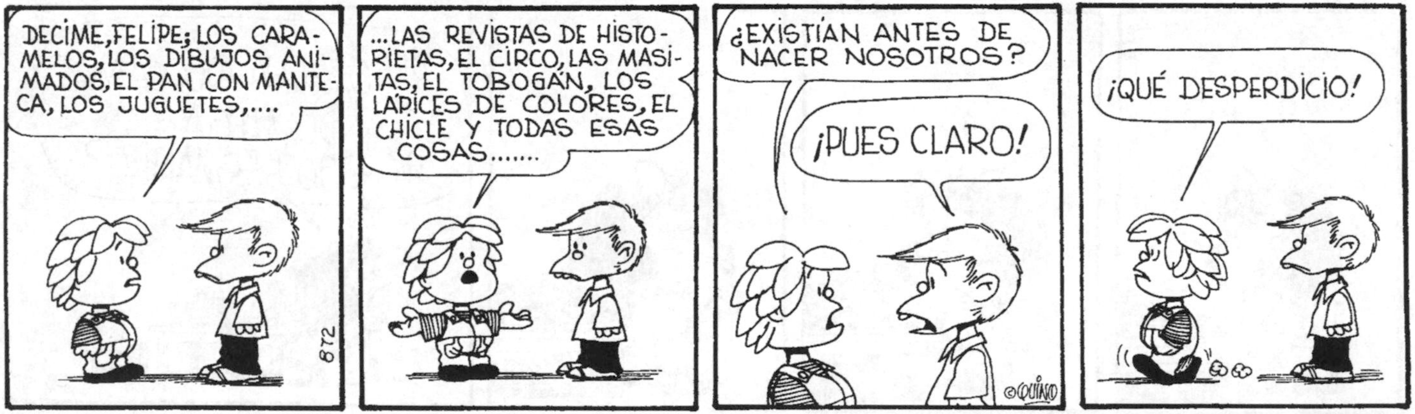
DECIME, FELIPE; LOS CARAMELOS, LOS DIBUJOS ANIMADOS, EL PAN CON MANTECA, LOS JUGUETES,....
872
...LAS REVISTAS DE HISTORIETAS, EL CIRCO, LAS MASITAS, EL TOBOGÁN, LOS LÁPICES DE COLORES, EL CHICLE Y TODAS ESAS COSAS.......
¿EXISTÍAN ANTES DE NACER NOSOTROS?
¡PUES CLARO!
©QUINO
¡QUÉ DESPERDICIO!

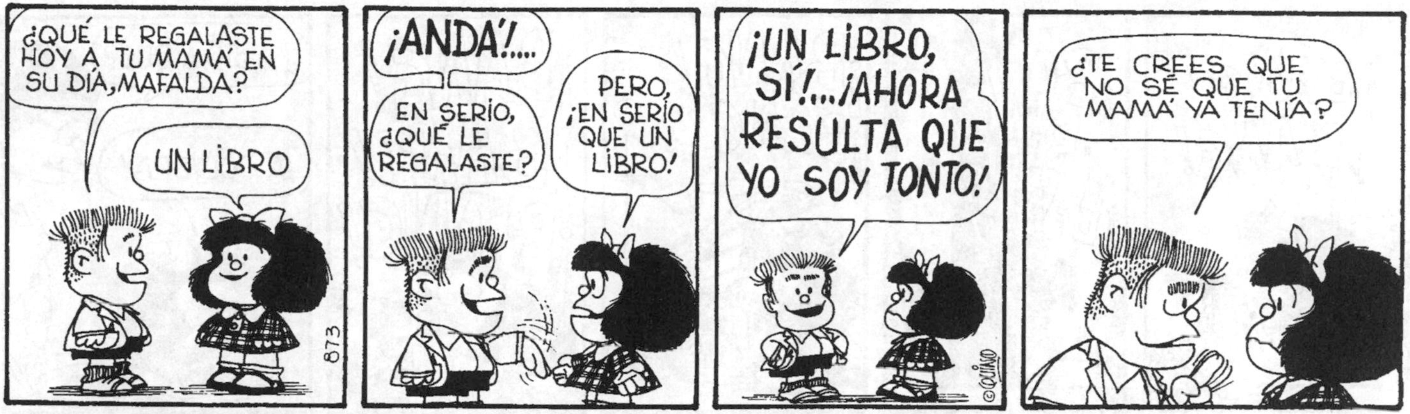
¿QUÉ LE REGALASTE HOY A TU MAMÁ EN SU DÍA, MAFALDA?
UN LIBRO
873
¡ANDA!....
EN SERIO, ¿QUÉ LE REGALASTE?
PERO, ¡EN SERIO QUE UN LIBRO!
¡UN LIBRO, SÍ!...¡AHORA RESULTA QUE YO SOY TONTO!
© QUINO
¿TE CREES QUE NO SÉ QUE TU MAMÁ YA TENÍA?

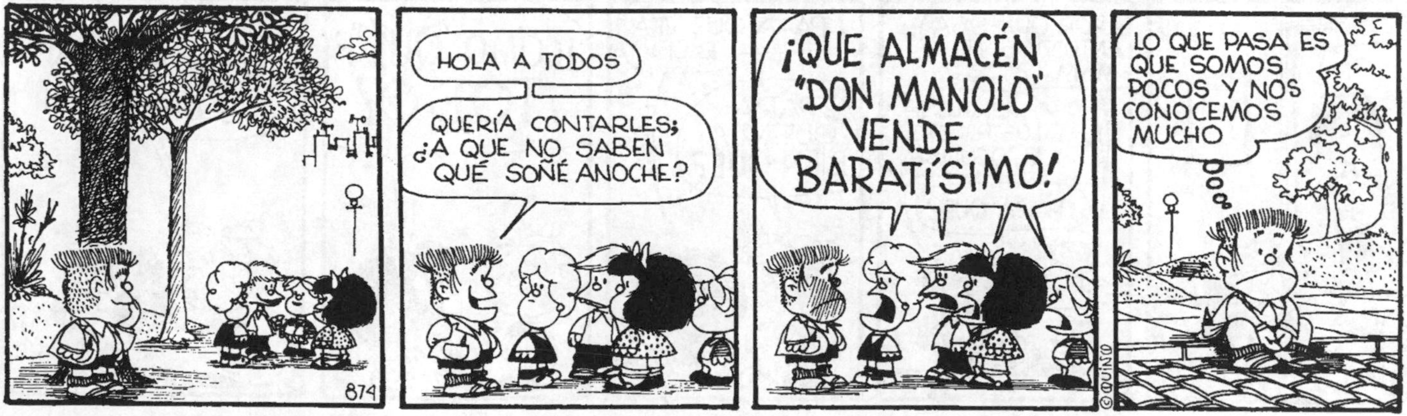
874
HOLA A TODOS
QUERÍA CONTARLES; ¿A QUE NO SABEN QUÉ SOÑÉ ANOCHE?
¡QUE ALMACÉN "DON MANOLO" VENDE BARATÍSIMO!
© QUINO
LO QUE PASA ES QUE SOMOS POCOS Y NOS CONOCEMOS MUCHO

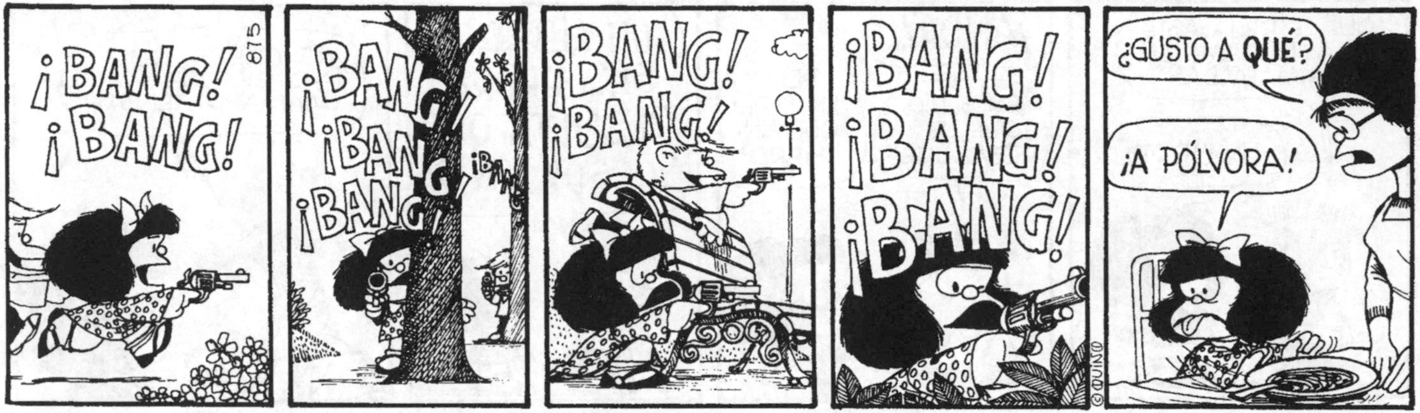
875
¡BANG! ¡BANG!
¡BANG! ¡BANG! ¡BANG!
¡BANG! ¡BANG!
¡BANG! ¡BANG! ¡BANG!
©QUINO
¿GUSTO A **QUÉ**?
¡A PÓLVORA!

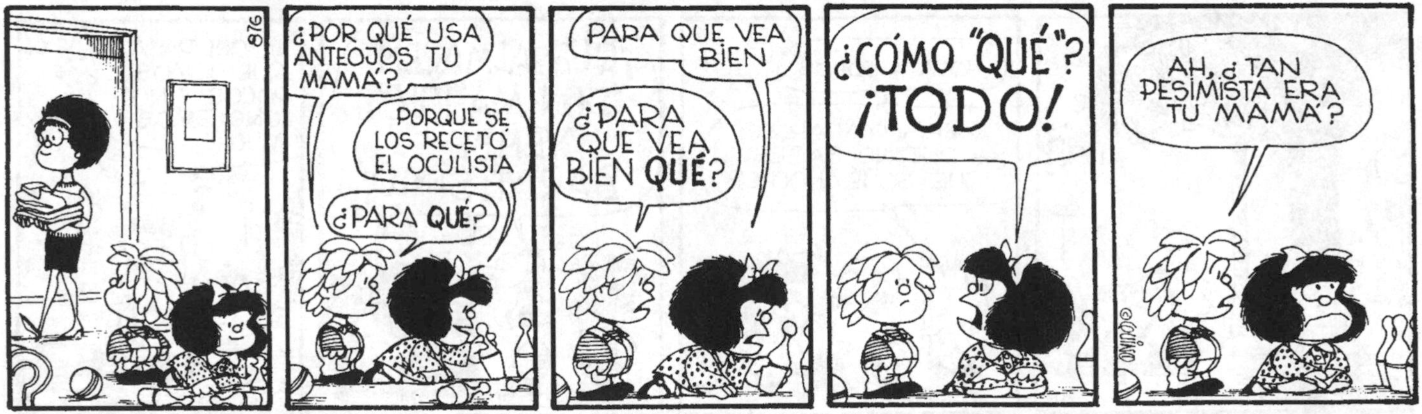
876
¿POR QUÉ USA ANTEOJOS TU MAMÁ?
PORQUE SE LOS RECETÓ EL OCULISTA
¿PARA **QUÉ**?
PARA QUE VEA BIEN
¿PARA QUE VEA BIEN **QUÉ**?
¿CÓMO "QUÉ"? ¡TODO!
AH, ¿TAN PESIMISTA ERA TU MAMÁ?
©QUINO

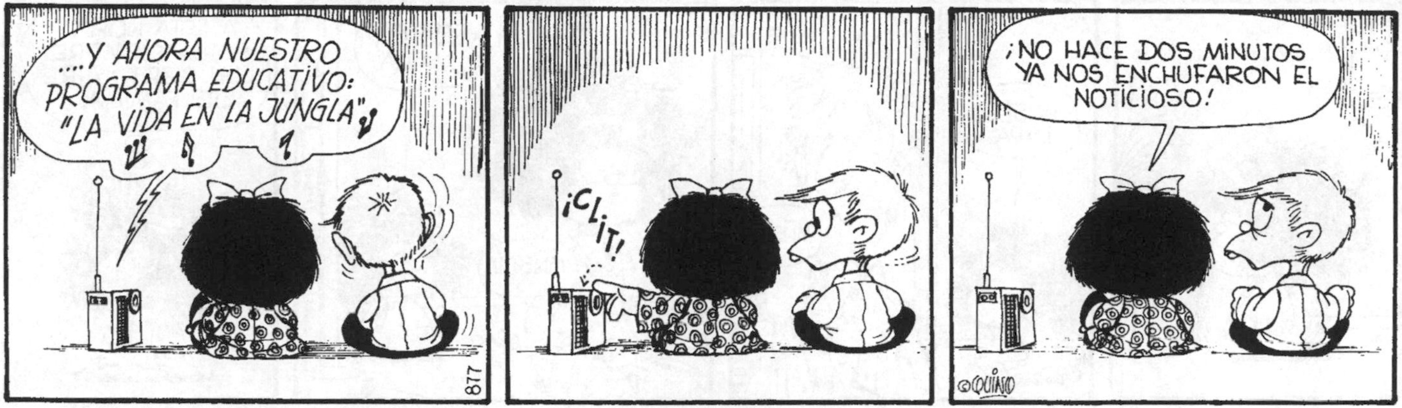
....Y AHORA NUESTRO PROGRAMA EDUCATIVO: "LA VIDA EN LA JUNGLA"
877
¡CLIT!
¡NO HACE DOS MINUTOS YA NOS ENCHUFARON EL NOTICIOSO!
©QUINO

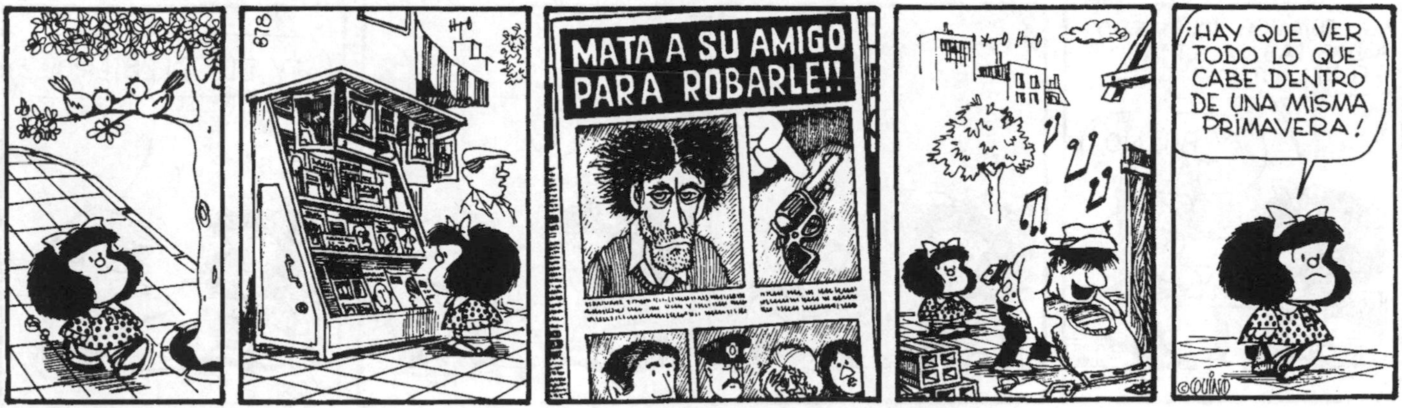
878
MATA A SU AMIGO PARA ROBARLE!!
¡HAY QUE VER TODO LO QUE CABE DENTRO DE UNA MISMA PRIMAVERA!
©QUINO

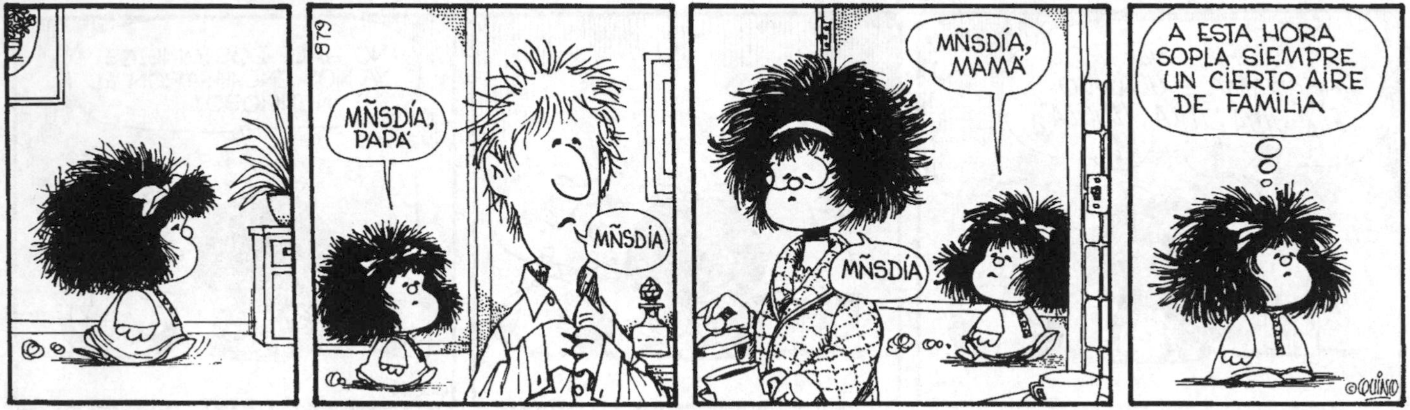
879
MÑSDÍA, PAPÁ
MÑSDÍA
MÑSDÍA, MAMÁ
MÑSDÍA
A ESTA HORA SOPLA SIEMPRE UN CIERTO AIRE DE FAMILIA
©QUINO

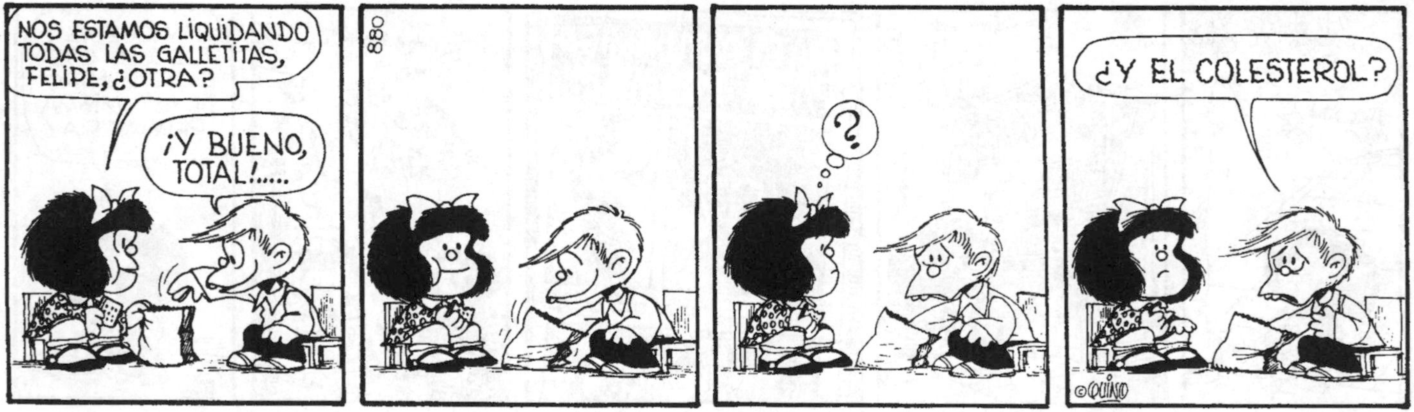
880
NOS ESTAMOS LIQUIDANDO TODAS LAS GALLETITAS, FELIPE, ¿OTRA?
¡Y BUENO, TOTAL!.....
?
¿Y EL COLESTEROL?
©QUINO

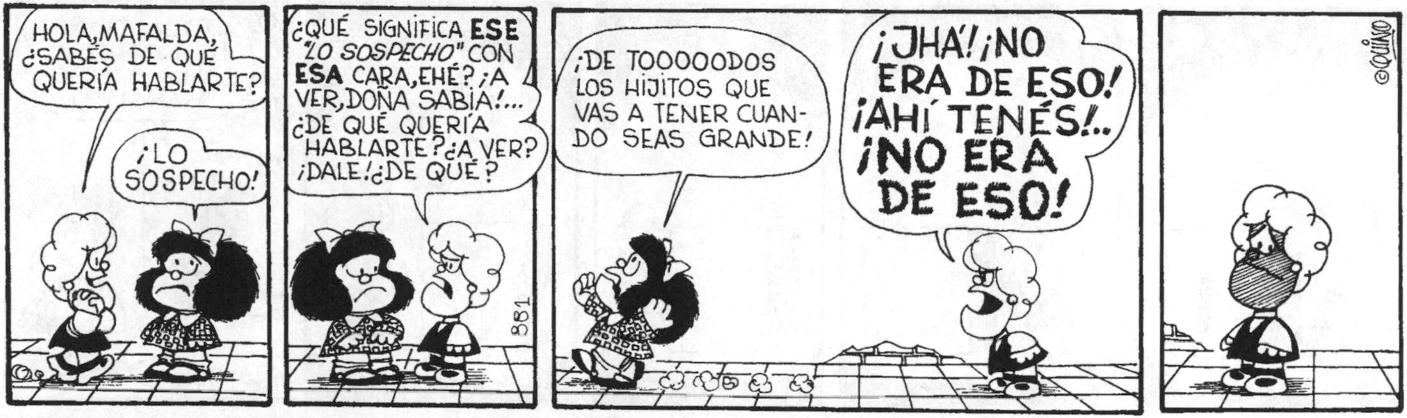
HOLA, MAFALDA, ¿SABÉS DE QUÉ QUERÍA HABLARTE?
¡LO SOSPECHO!
¿QUÉ SIGNIFICA **ESE** *"LO SOSPECHO"* CON **ESA** CARA, EHÉ? ¡A VER, DOÑA SABIA!... ¿DE QUÉ QUERÍA HABLARTE? ¿A VER? ¡DALE! ¿DE QUÉ?
881
¡DE TOOOOODOS LOS HIJITOS QUE VAS A TENER CUANDO SEAS GRANDE!
¡JHÁ! ¡NO ERA DE ESO! ¡AHÍ TENÉS!.. ¡NO ERA DE ESO!
©QUINO

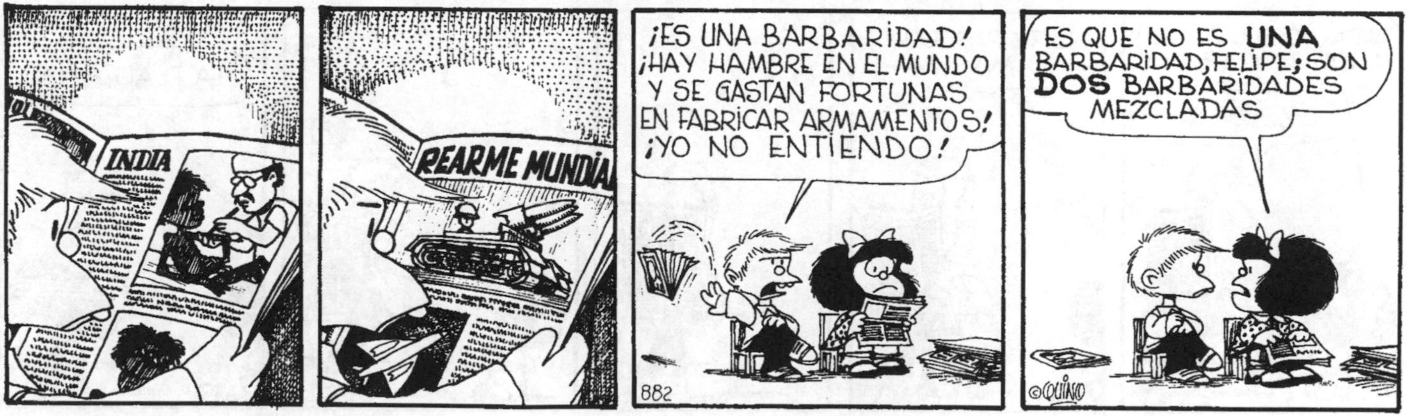
INDIA
REARME MUNDIA
¡ES UNA BARBARIDAD! ¡HAY HAMBRE EN EL MUNDO Y SE GASTAN FORTUNAS EN FABRICAR ARMAMENTOS! ¡YO NO ENTIENDO!
882
ES QUE NO ES **UNA** BARBARIDAD, FELIPE; SON **DOS** BARBARIDADES MEZCLADAS
©QUINO

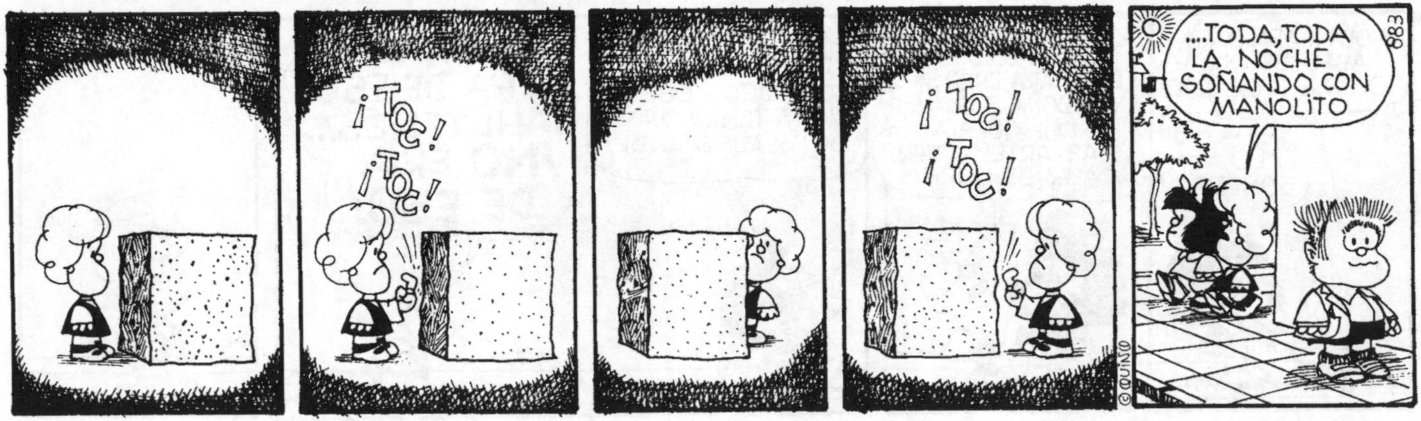
¡TOC! ¡TOC!
¡TOC! ¡TOC!
....TODA, TODA LA NOCHE SOÑANDO CON MANOLITO
883
©QUINO

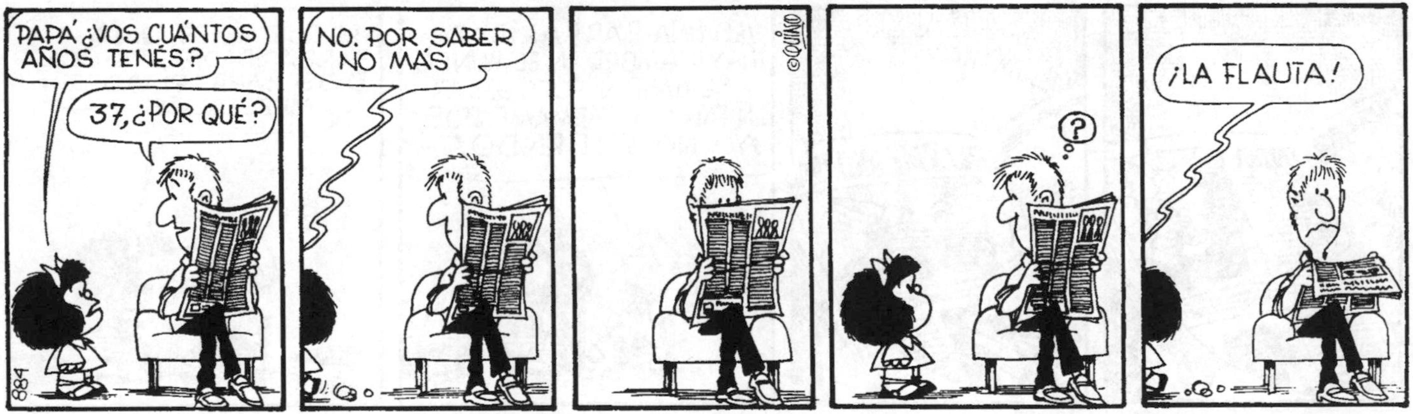
884
PAPÁ ¿VOS CUÁNTOS AÑOS TENÉS?
37, ¿POR QUÉ?
NO. POR SABER NO MÁS
©QUINO
?
¡LA FLAUTA!

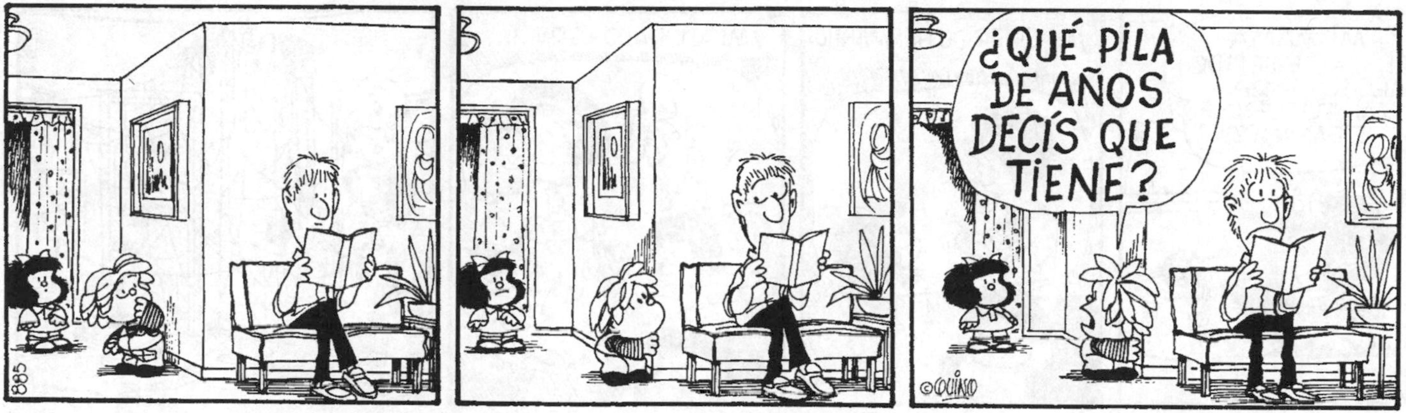
885
¿QUÉ PILA DE AÑOS DECÍS QUE TIENE?
©QUINO

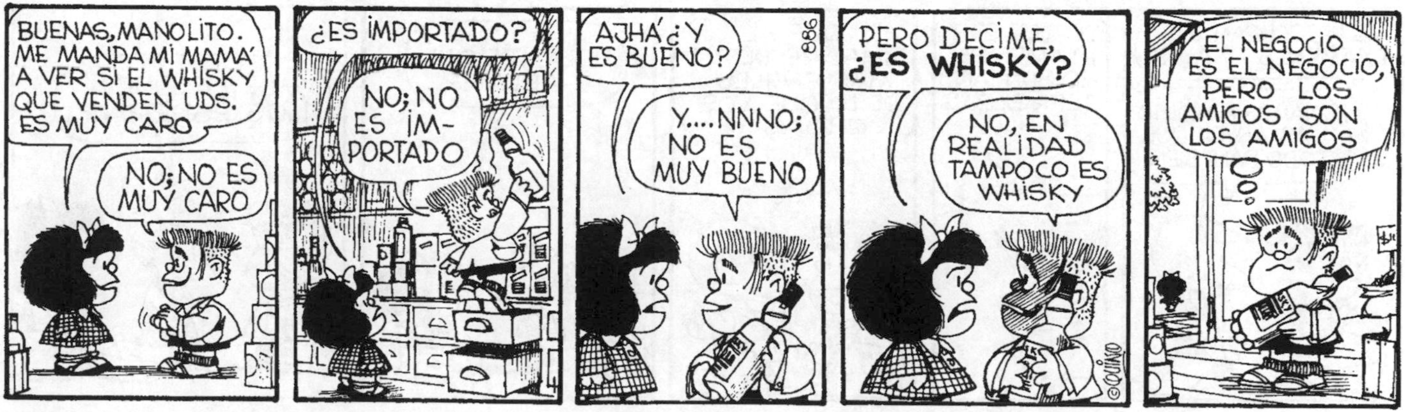
BUENAS, MANOLITO. ME MANDA MI MAMÁ A VER SI EL WHISKY QUE VENDEN UDS. ES MUY CARO
NO; NO ES MUY CARO
¿ES IMPORTADO?
NO; NO ES IM-PORTADO
AJHÁ ¿Y ES BUENO?
886
Y.... NNNO; NO ES MUY BUENO
PERO DECIME, **¿ES WHISKY?**
NO, EN REALIDAD TAMPOCO ES WHISKY
©QUINO
EL NEGOCIO ES EL NEGOCIO, PERO LOS AMIGOS SON LOS AMIGOS

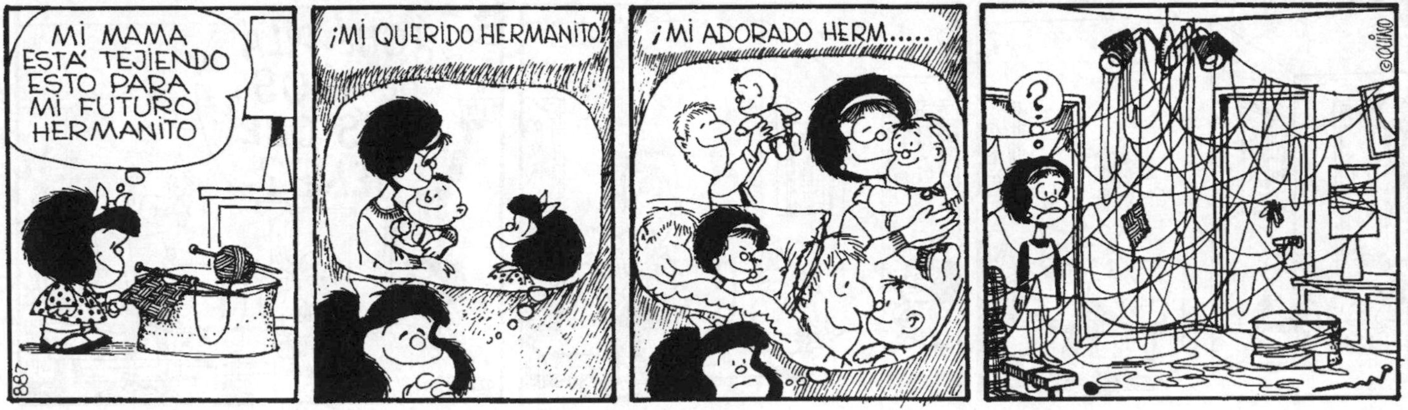
MI MAMA ESTÁ TEJIENDO ESTO PARA MI FUTURO HERMANITO
887
¡MI QUERIDO HERMANITO!
¡MI ADORADO HERM.....
?
©QUINO

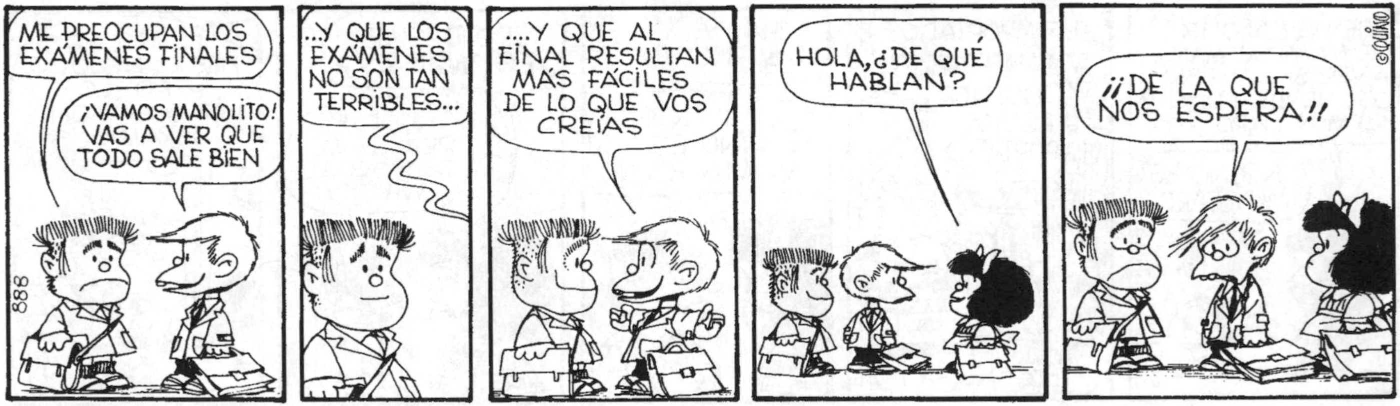
ME PREOCUPAN LOS EXÁMENES FINALES
¡VAMOS MANOLITO! VAS A VER QUE TODO SALE BIEN
888
...Y QUE LOS EXÁMENES NO SON TAN TERRIBLES...
....Y QUE AL FINAL RESULTAN MÁS FÁCILES DE LO QUE VOS CREÍAS
HOLA, ¿DE QUÉ HABLAN?
¡¡DE LA QUE NOS ESPERA!!
©QUINO

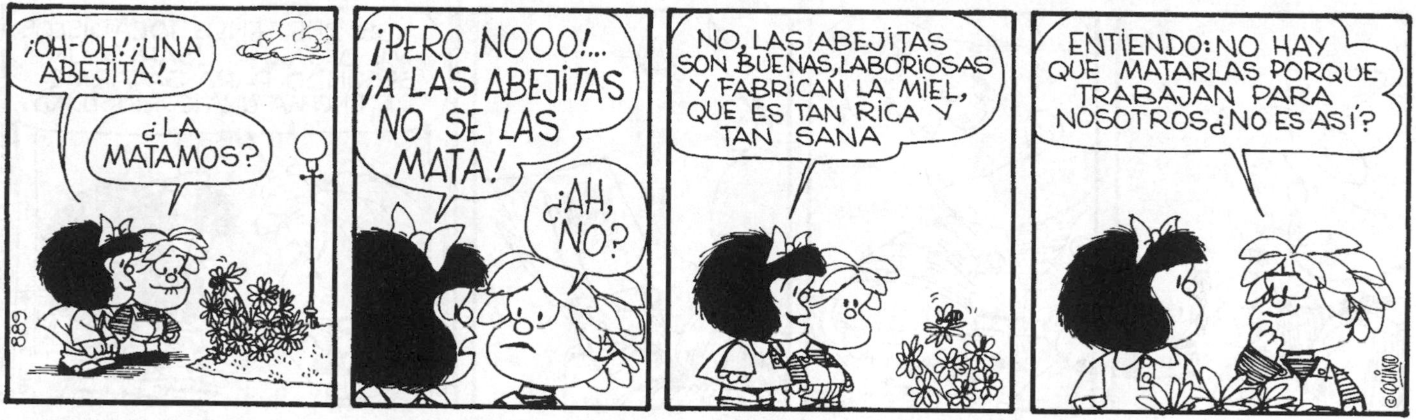
889
¡OH-OH! ¡UNA ABEJITA!
¿LA MATAMOS?
¡PERO NOOO!... ¡A LAS ABEJITAS NO SE LAS MATA!
¿AH, NO?
NO, LAS ABEJITAS SON BUENAS, LABORIOSAS Y FABRICAN LA MIEL, QUE ES TAN RICA Y TAN SANA
ENTIENDO: NO HAY QUE MATARLAS PORQUE TRABAJAN PARA NOSOTROS ¿NO ES ASÍ?
© QUINO

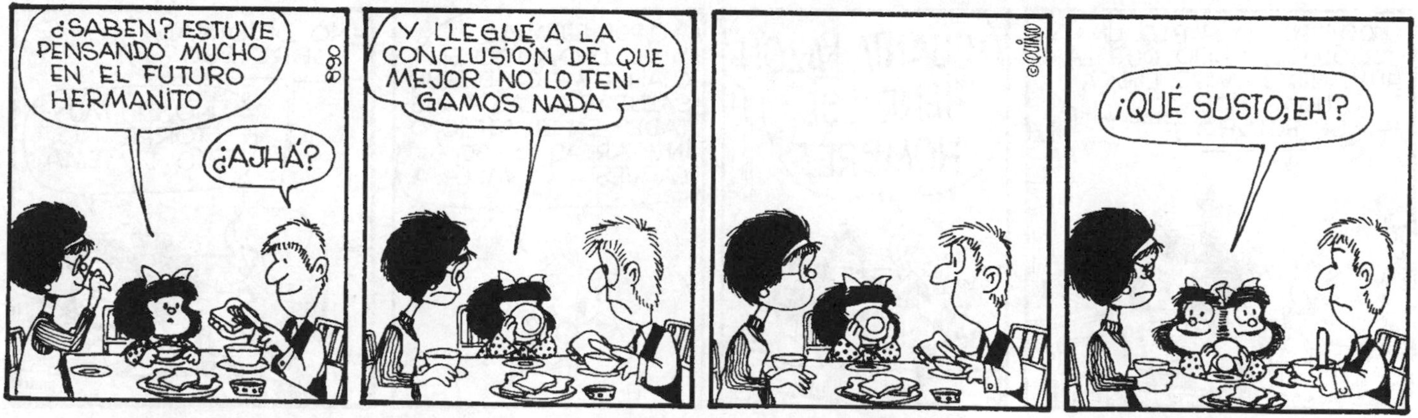
890
¿SABEN? ESTUVE PENSANDO MUCHO EN EL FUTURO HERMANITO
¿AJHÁ?
Y LLEGUÉ A LA CONCLUSIÓN DE QUE MEJOR NO LO TENGAMOS NADA
© QUINO
¡QUÉ SUSTO, EH?

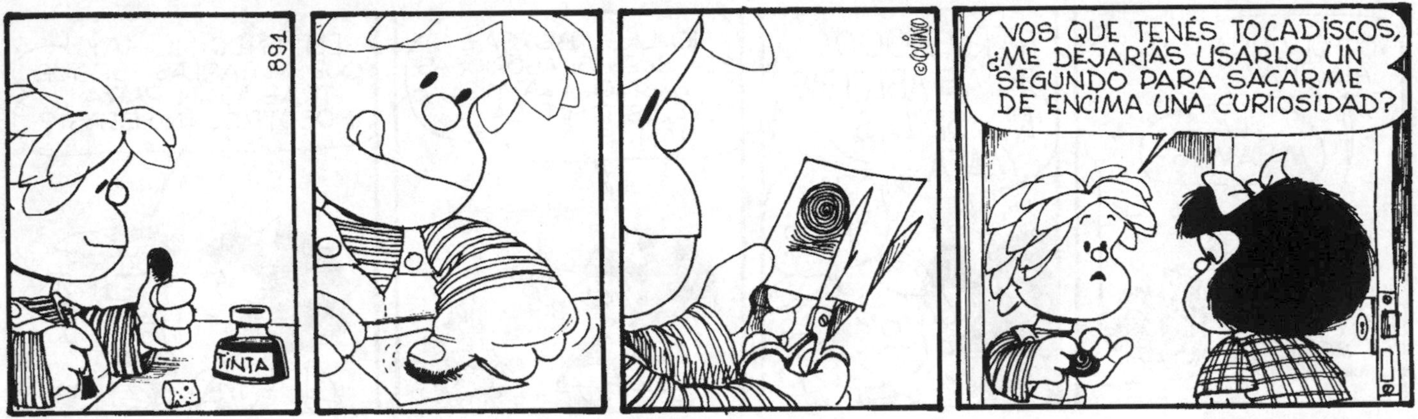
891
TINTA
©QUINO
VOS QUE TENÉS TOCADISCOS, ¿ME DEJARÍAS USARLO UN SEGUNDO PARA SACARME DE ENCIMA UNA CURIOSIDAD?

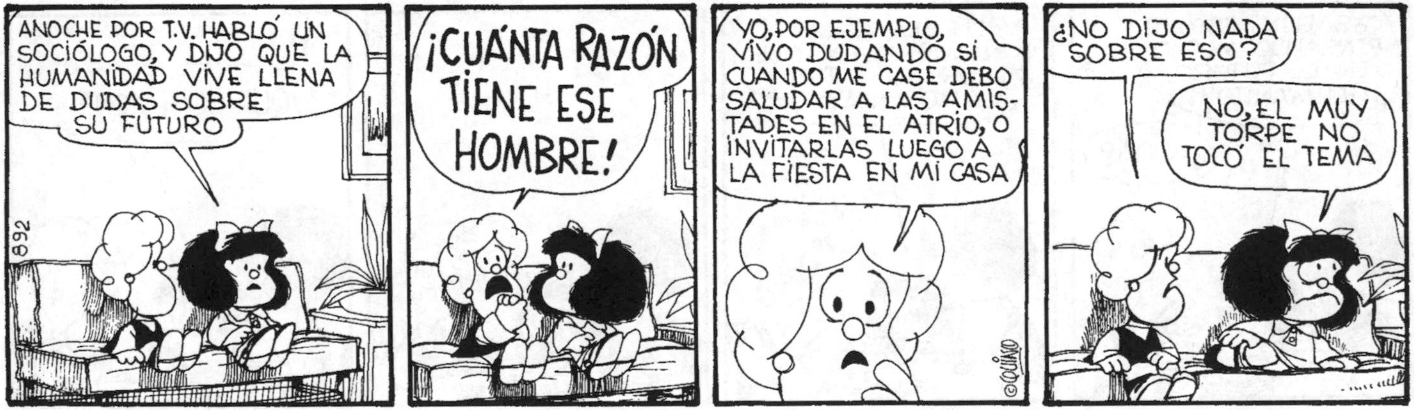
ANOCHE POR T.V. HABLÓ UN SOCIÓLOGO, Y DIJO QUE LA HUMANIDAD VIVE LLENA DE DUDAS SOBRE SU FUTURO
892
¡CUÁNTA RAZÓN TIENE ESE HOMBRE!
YO, POR EJEMPLO, VIVO DUDANDO SI CUANDO ME CASE DEBO SALUDAR A LAS AMISTADES EN EL ATRIO, O INVITARLAS LUEGO A LA FIESTA EN MI CASA
©QUINO
¿NO DIJO NADA SOBRE ESO?
NO, EL MUY TORPE NO TOCÓ EL TEMA

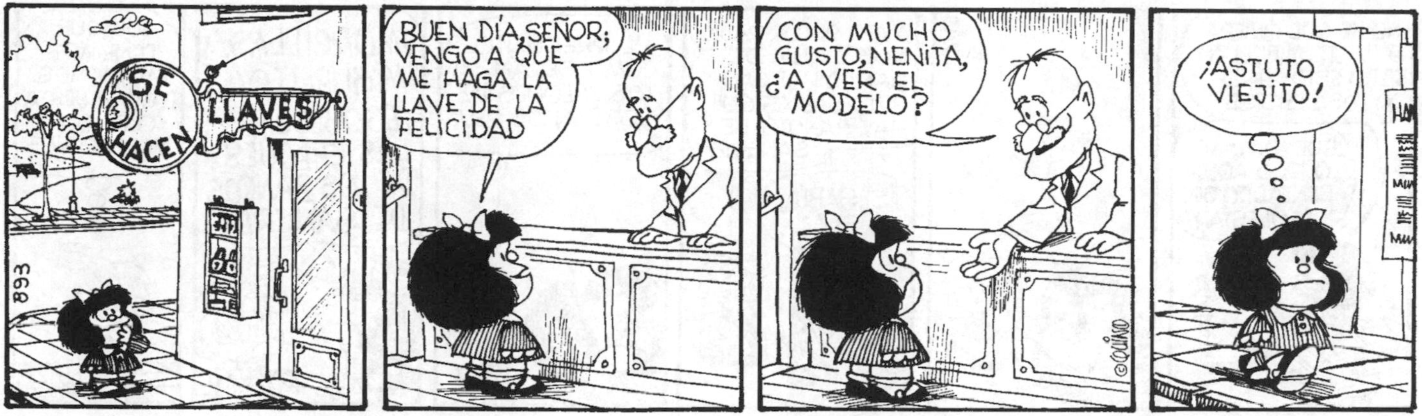
SE HACEN LLAVES
893
BUEN DÍA, SEÑOR; VENGO A QUE ME HAGA LA LLAVE DE LA FELICIDAD
CON MUCHO GUSTO, NENITA, ¿A VER EL MODELO?
©QUINO
¡ASTUTO VIEJITO!

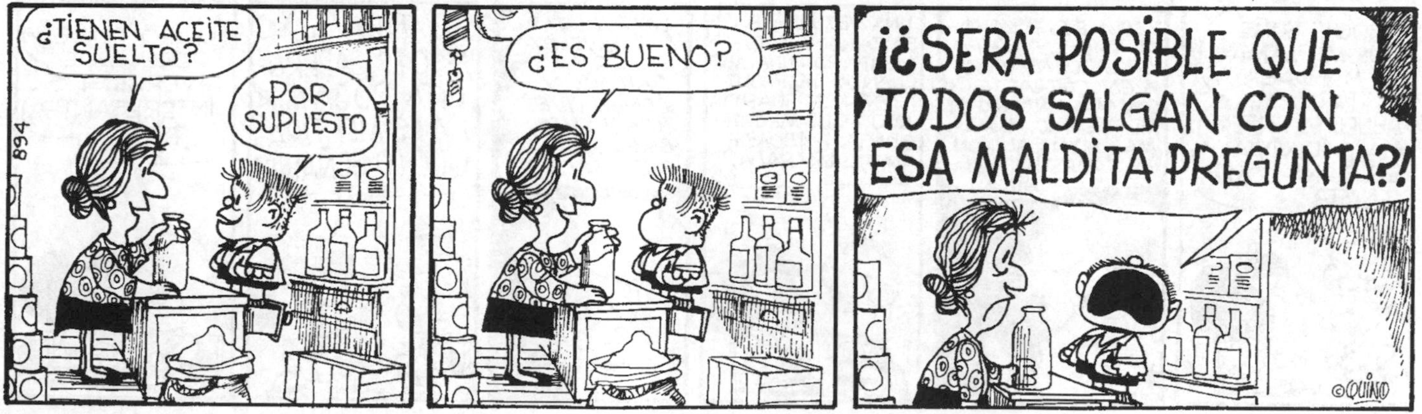
894
¿TIENEN ACEITE SUELTO?
POR SUPUESTO
¿ES BUENO?
¡¿SERÁ POSIBLE QUE TODOS SALGAN CON ESA MALDITA PREGUNTA?!
©QUINO

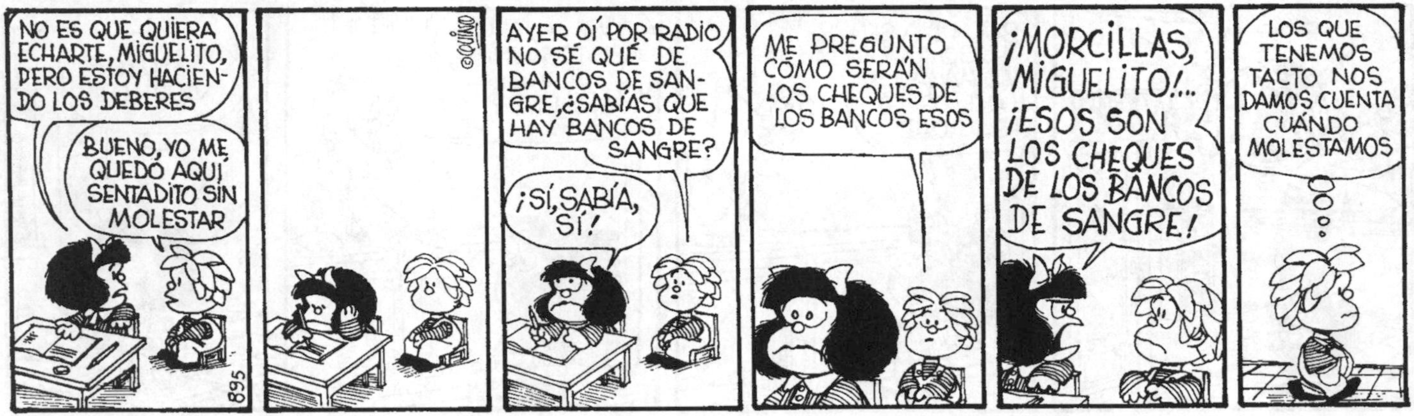
895
NO ES QUE QUIERA ECHARTE, MIGUELITO, PERO ESTOY HACIENDO LOS DEBERES
BUENO, YO ME QUEDO AQUÍ SENTADITO SIN MOLESTAR
©QUINO
AYER OÍ POR RADIO NO SÉ QUÉ DE BANCOS DE SANGRE, ¿SABÍAS QUE HAY BANCOS DE SANGRE?
¡SÍ, SABÍA, SÍ!
ME PREGUNTO CÓMO SERÁN LOS CHEQUES DE LOS BANCOS ESOS
¡MORCILLAS, MIGUELITO!... ¡ESOS SON LOS CHEQUES DE LOS BANCOS DE SANGRE!
LOS QUE TENEMOS TACTO NOS DAMOS CUENTA CUÁNDO MOLESTAMOS

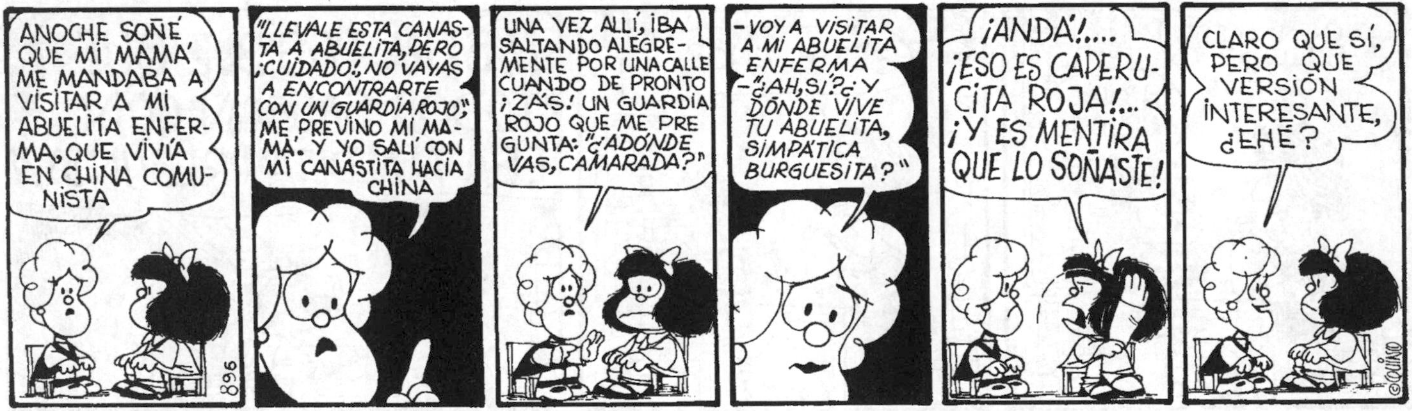
896
ANOCHE SOÑÉ QUE MI MAMÁ ME MANDABA A VISITAR A MI ABUELITA ENFERMA, QUE VIVÍA EN CHINA COMUNISTA
"LLEVALE ESTA CANASTA A ABUELITA, PERO ¡CUIDADO!, NO VAYAS A ENCONTRARTE CON UN GUARDIA ROJO", ME PREVINO MI MAMÁ. Y YO SALÍ CON MI CANASTITA HACIA CHINA
UNA VEZ ALLÍ, IBA SALTANDO ALEGREMENTE POR UNA CALLE CUANDO DE PRONTO ¡ZÁS! UN GUARDIA ROJO QUE ME PREGUNTA: "¿ADÓNDE VAS, CAMARADA?"
-VOY A VISITAR A MI ABUELITA ENFERMA -"¿AH, SÍ? ¿Y DÓNDE VIVE TU ABUELITA, SIMPÁTICA BURGUESITA?"
¡ANDÁ!.... ¡ESO ES CAPERUCITA ROJA!... ¡Y ES MENTIRA QUE LO SOÑASTE!
CLARO QUE SÍ, PERO QUE VERSIÓN INTERESANTE, ¿EHÉ?
©QUINO

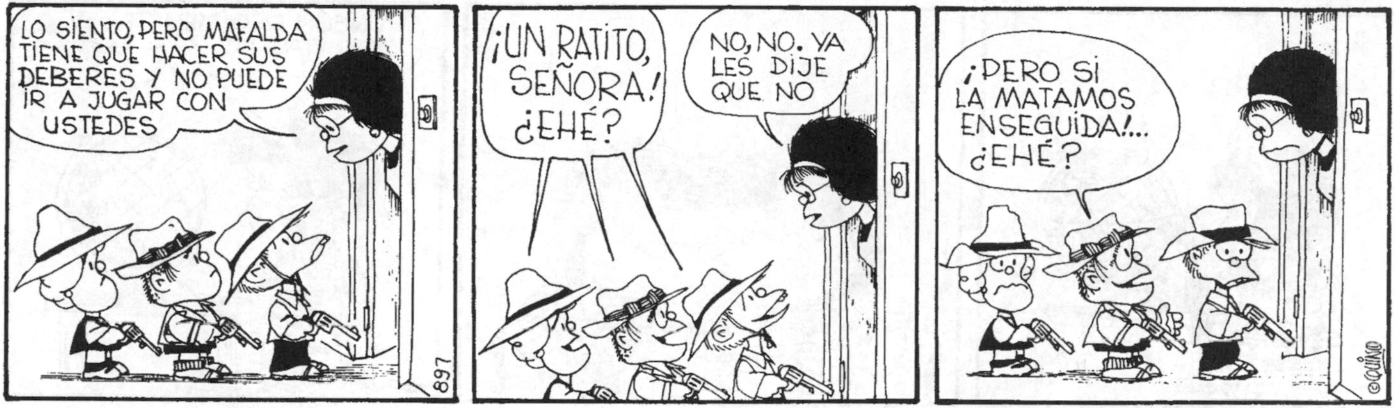
LO SIENTO, PERO MAFALDA TIENE QUE HACER SUS DEBERES Y NO PUEDE IR A JUGAR CON USTEDES
897
¡UN RATITO, SEÑORA! ¿EHÉ?
NO, NO. YA LES DIJE QUE NO
¡PERO SI LA MATAMOS ENSEGUIDA!... ¿EHÉ?
©QUINO

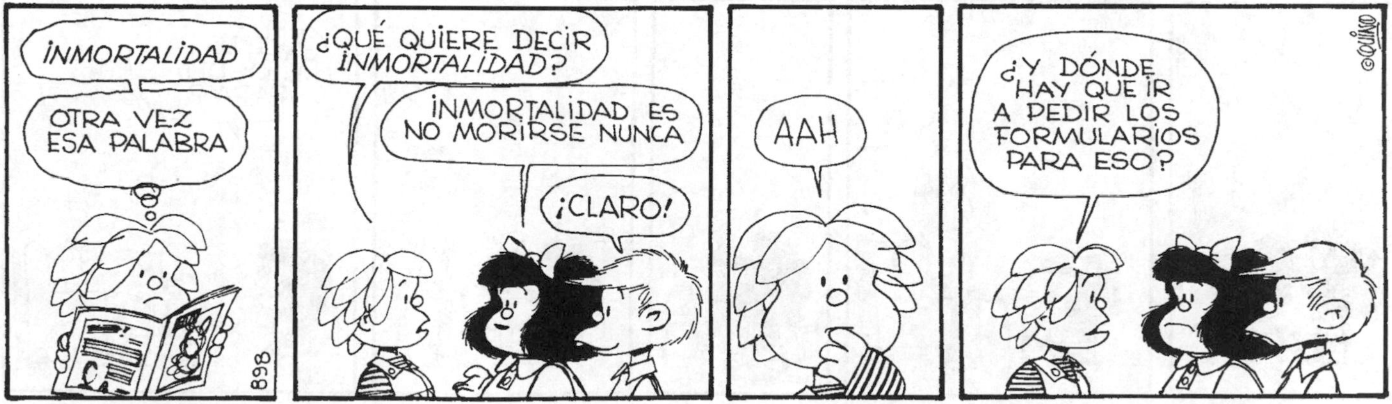
INMORTALIDAD
OTRA VEZ ESA PALABRA
898
¿QUÉ QUIERE DECIR INMORTALIDAD?
INMORTALIDAD ES NO MORIRSE NUNCA
¡CLARO!
AAH
¿Y DÓNDE HAY QUE IR A PEDIR LOS FORMULARIOS PARA ESO?
©QUINO

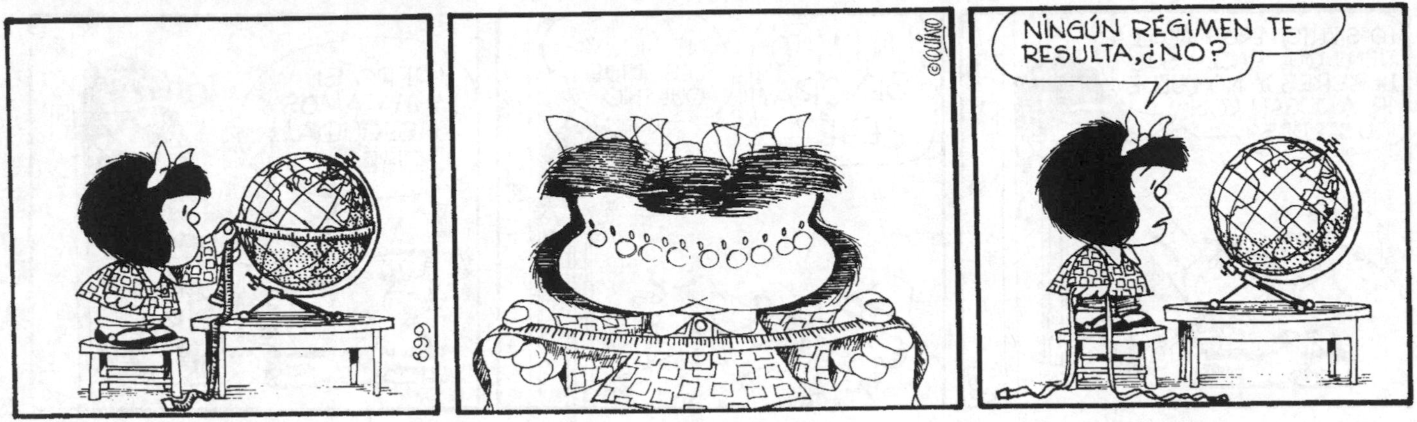
NINGÚN RÉGIMEN TE RESULTA, ¿NO?

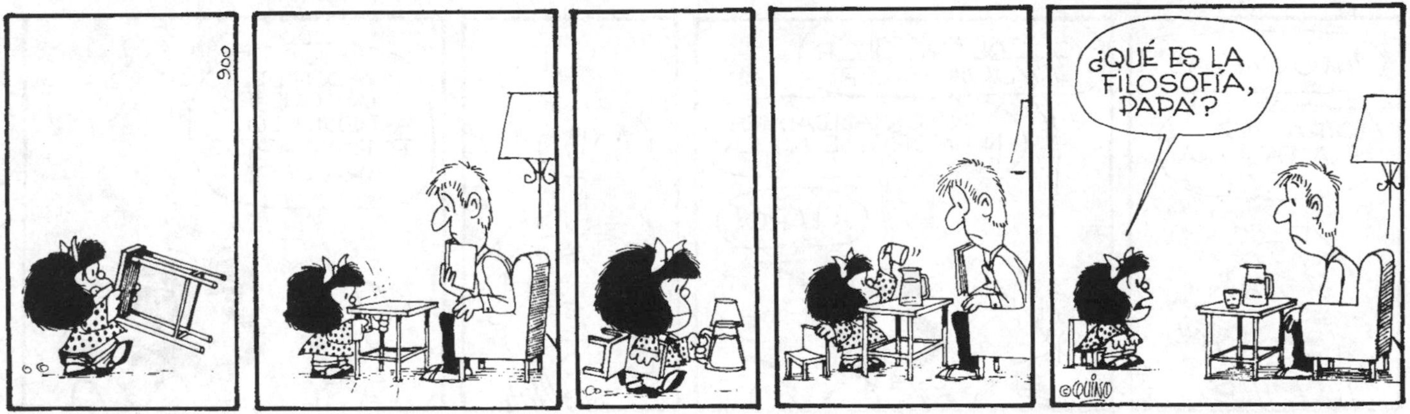
¿QUÉ ES LA FILOSOFÍA, PAPÁ?

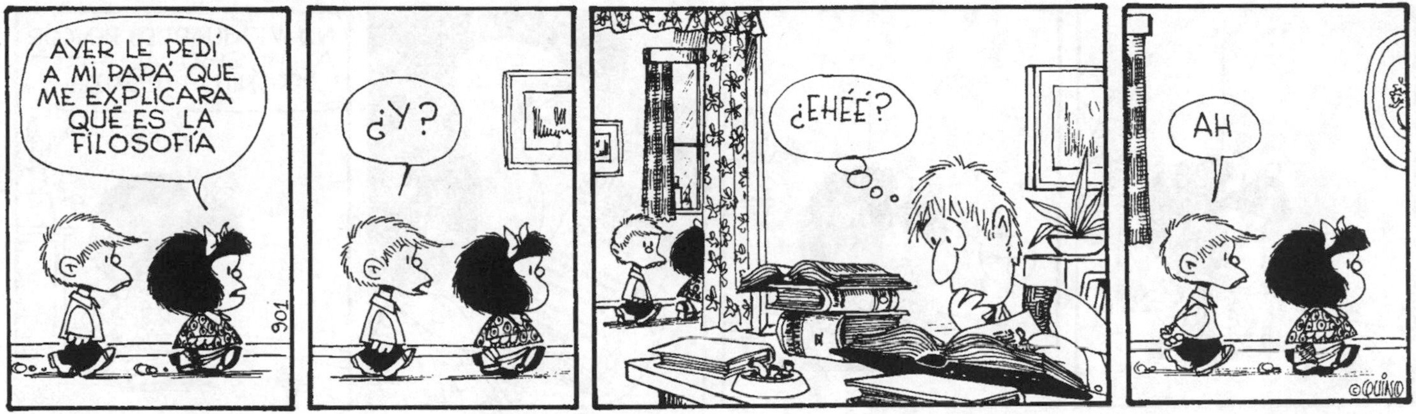
AYER LE PEDÍ A MI PAPÁ QUE ME EXPLICARA QUÉ ES LA FILOSOFÍA
901
¿Y?
¿EHÉÉ?
AH
©QUINO

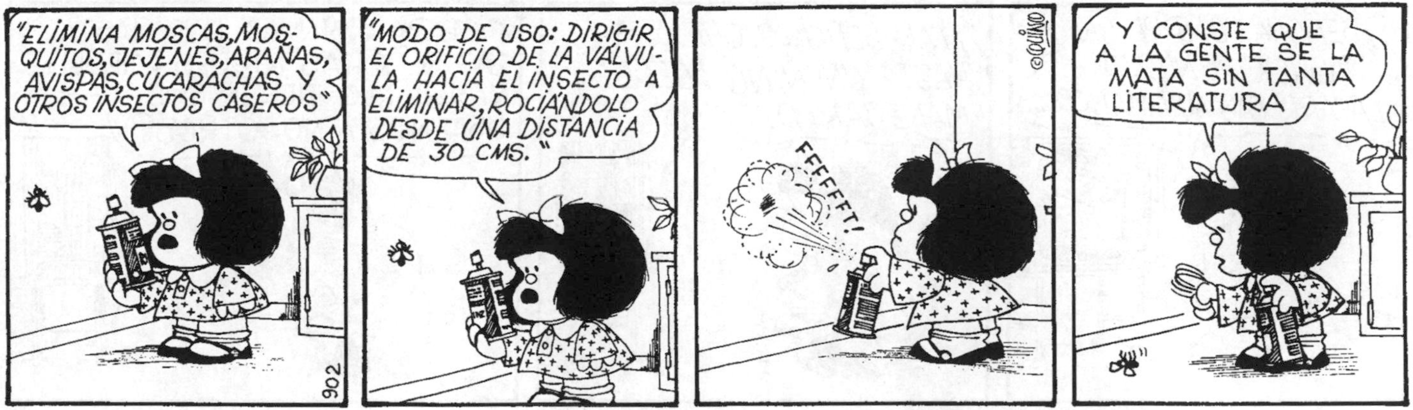
"ELIMINA MOSCAS, MOS-QUITOS, JEJENES, ARAÑAS, AVISPAS, CUCARACHAS Y OTROS INSECTOS CASEROS"
902
"MODO DE USO: DIRIGIR EL ORIFICIO DE LA VÁLVU-LA HACIA EL INSECTO A ELIMINAR, ROCIÁNDOLO DESDE UNA DISTANCIA DE 30 CMS."
FFFFFFT!
©QUINO
Y CONSTE QUE A LA GENTE SE LA MATA SIN TANTA LITERATURA

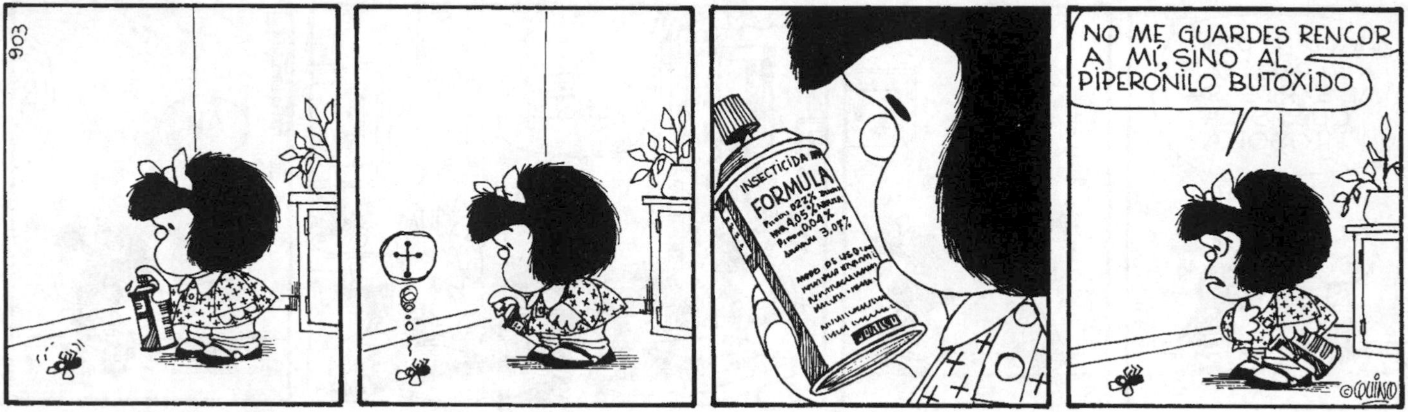
903
INSECTICIDA
FORMULA
NO ME GUARDES RENCOR A MÍ, SINO AL PIPERONILO BUTÓXIDO
© QUINO

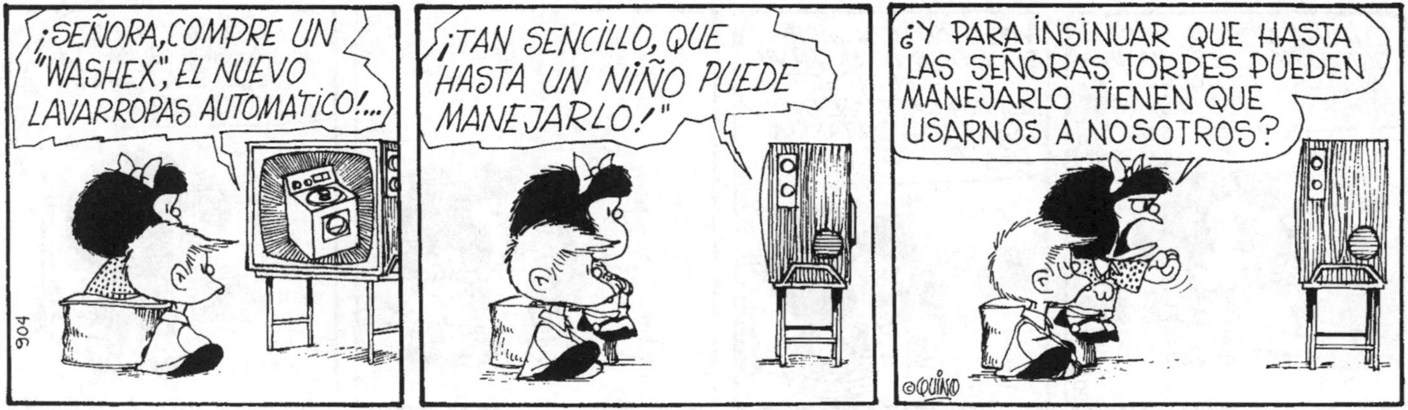
904
¡SEÑORA, COMPRE UN "WASHEX", EL NUEVO LAVARROPAS AUTOMÁTICO!...
¡TAN SENCILLO, QUE HASTA UN NIÑO PUEDE MANEJARLO!"
¿Y PARA INSINUAR QUE HASTA LAS SEÑORAS TORPES PUEDEN MANEJARLO TIENEN QUE USARNOS A NOSOTROS?
© QUINO

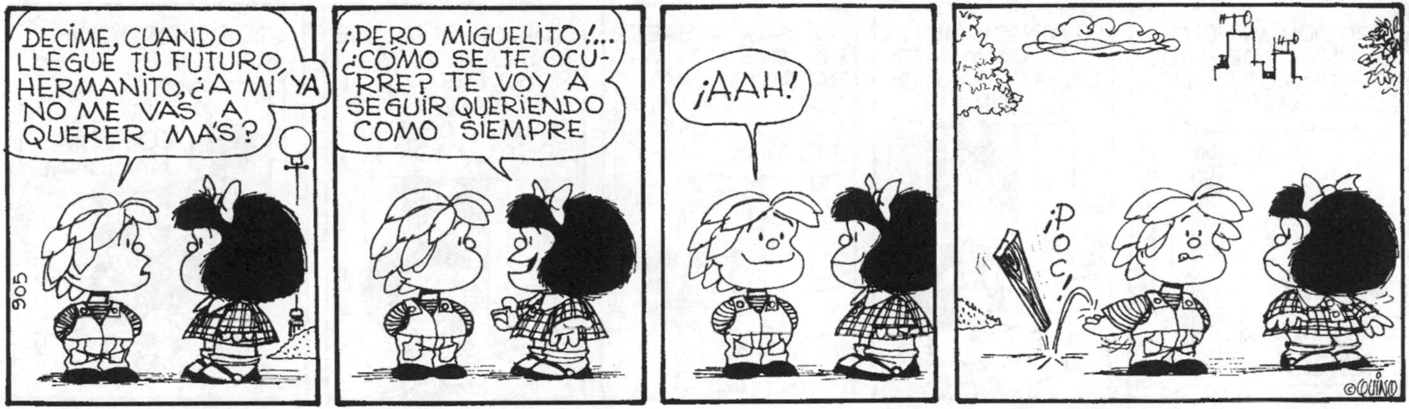
DECIME, CUANDO LLEGUE TU FUTURO HERMANITO, ¿A MÍ YA NO ME VAS A QUERER MÁS?
905
¡PERO MIGUELITO!... ¿CÓMO SE TE OCURRE? TE VOY A SEGUIR QUERIENDO COMO SIEMPRE
¡AAH!
¡POC!
©QUINO

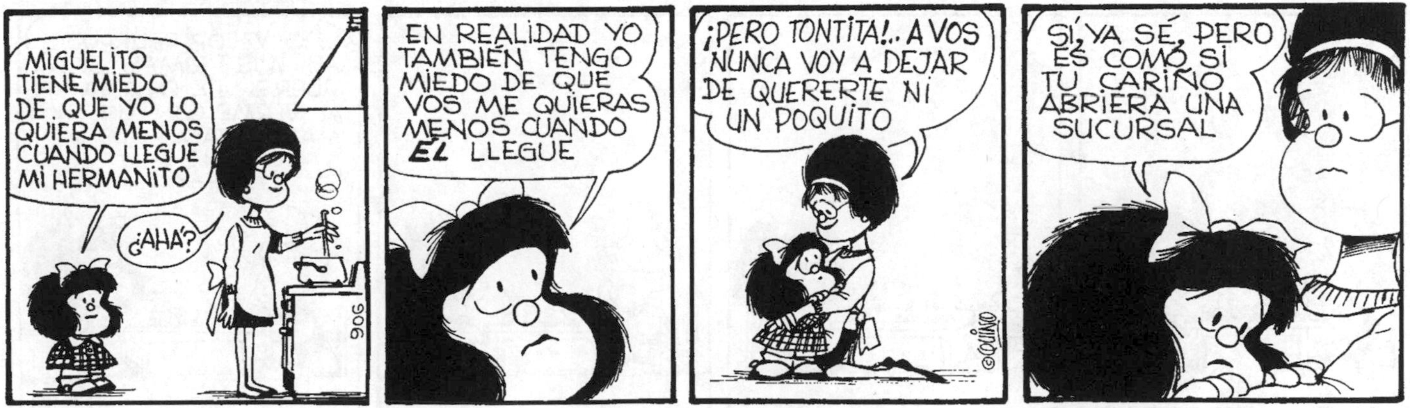
MIGUELITO TIENE MIEDO DE QUE YO LO QUIERA MENOS CUANDO LLEGUE MI HERMANITO
¿AHÁ?
906
EN REALIDAD YO TAMBIÉN TENGO MIEDO DE QUE VOS ME QUIERAS MENOS CUANDO ÉL LLEGUE
¡PERO TONTITA!.. A VOS NUNCA VOY A DEJAR DE QUERERTE NI UN POQUITO
©QUINO
SÍ, YA SÉ, PERO ES COMO SI TU CARIÑO ABRIERA UNA SUCURSAL

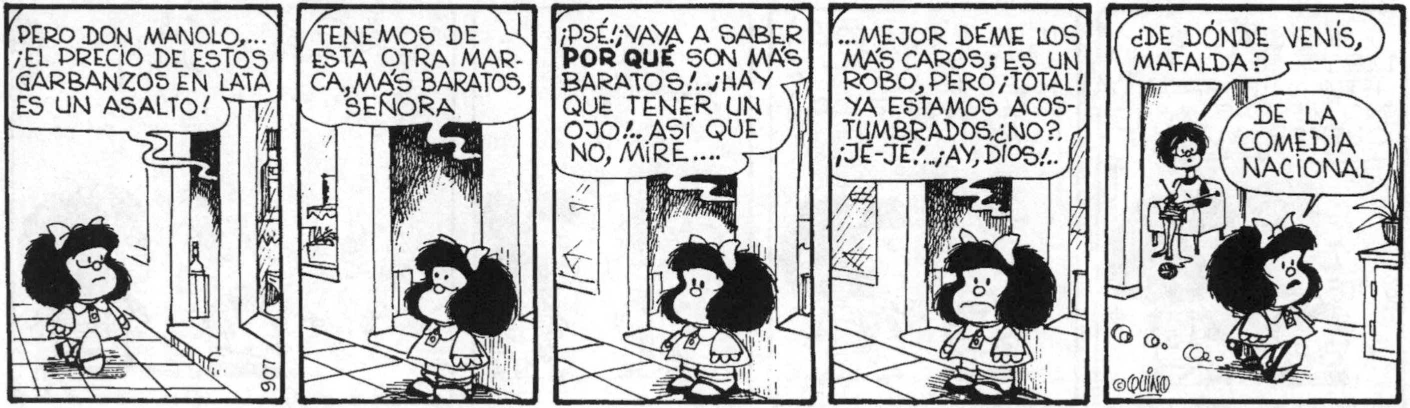
PERO DON MANOLO,... ¡EL PRECIO DE ESTOS GARBANZOS EN LATA ES UN ASALTO!
907
TENEMOS DE ESTA OTRA MARCA, MÁS BARATOS, SEÑORA
¡PSÉ! ¡VAYA A SABER **POR QUÉ** SON MÁS BARATOS!... ¡HAY QUE TENER UN OJO!.. ASÍ QUE NO, MIRE....
...MEJOR DÉME LOS MÁS CAROS; ES UN ROBO, PERO ¡TOTAL! YA ESTAMOS ACOSTUMBRADOS, ¿NO?. ¡JÉ-JÉ!...¡AY, DIOS!..
¿DE DÓNDE VENÍS, MAFALDA?
DE LA COMEDIA NACIONAL
©QUINO

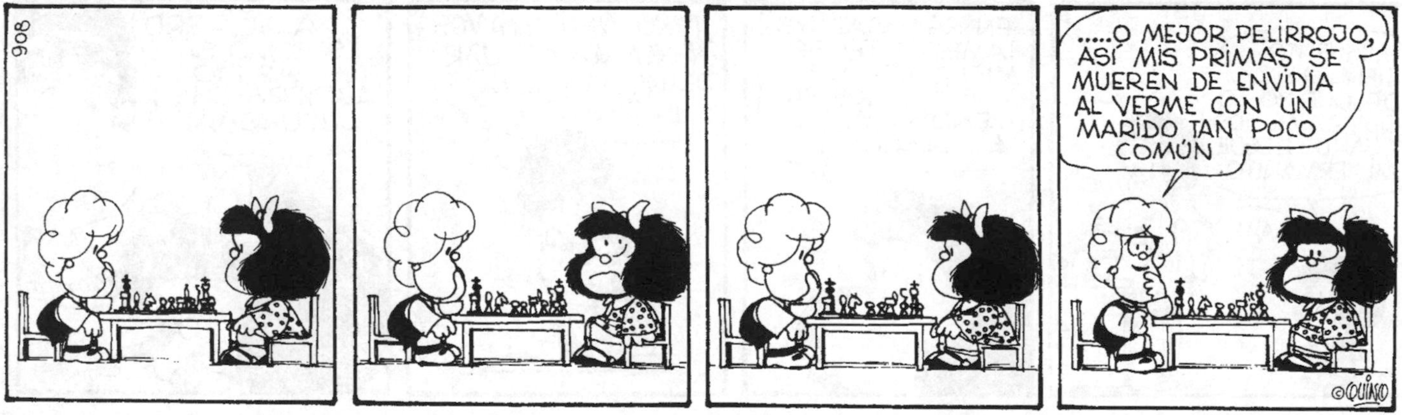
908
.....O MEJOR PELIRROJO, ASÍ MIS PRIMAS SE MUEREN DE ENVIDIA AL VERME CON UN MARIDO TAN POCO COMÚN
©QUINO

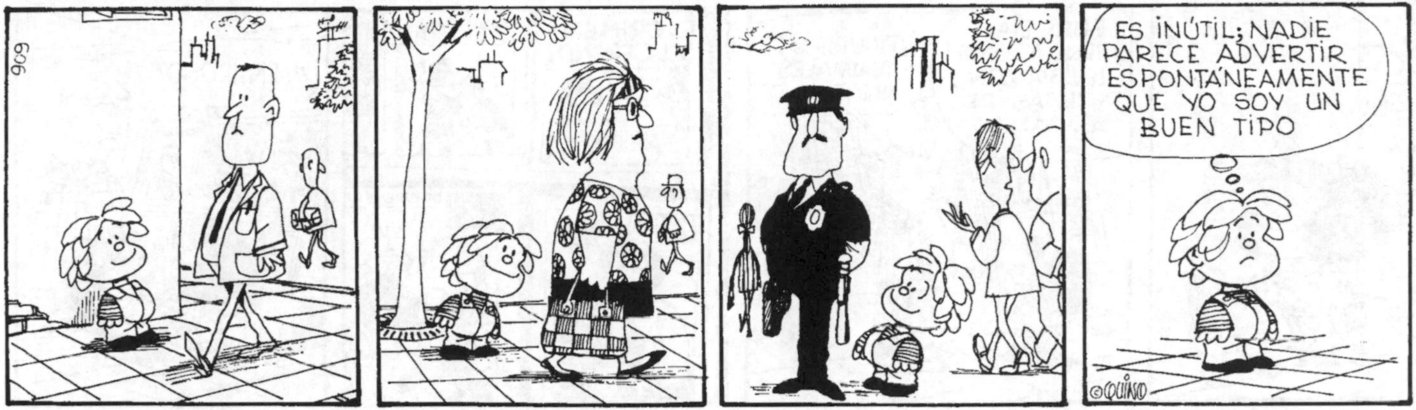
909
ES INÚTIL; NADIE PARECE ADVERTIR ESPONTÁNEAMENTE QUE YO SOY UN BUEN TIPO
©QUINO

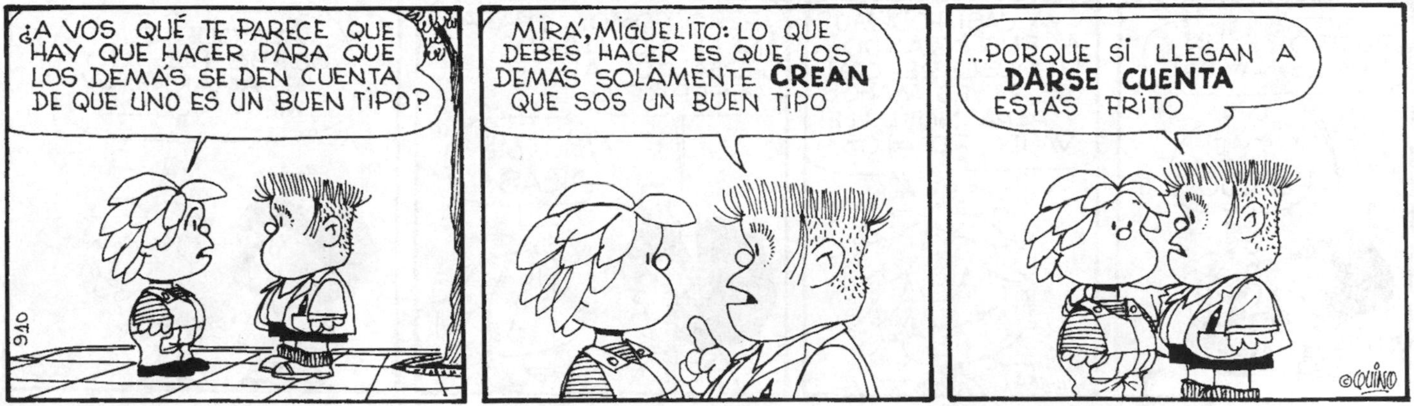
910
¿A VOS QUÉ TE PARECE QUE HAY QUE HACER PARA QUE LOS DEMÁS SE DEN CUENTA DE QUE UNO ES UN BUEN TIPO?
MIRÁ, MIGUELITO: LO QUE DEBES HACER ES QUE LOS DEMÁS SOLAMENTE **CREAN** QUE SOS UN BUEN TIPO
...PORQUE SI LLEGAN A **DARSE CUENTA** ESTÁS FRITO
©QUINO

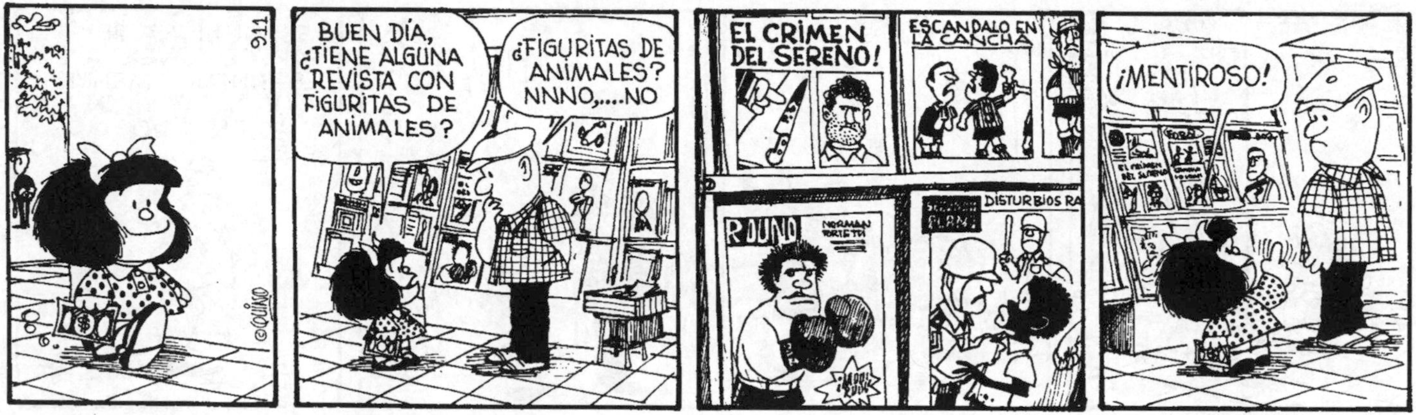
911
BUEN DÍA, ¿TIENE ALGUNA REVISTA CON FIGURITAS DE ANIMALES?
¿FIGURITAS DE ANIMALES? NNNO,....NO
EL CRIMEN DEL SERENO!
ESCANDALO EN LA CANCHA
ROUND
DISTURBIOS RA
¡MENTIROSO!
©QUINO

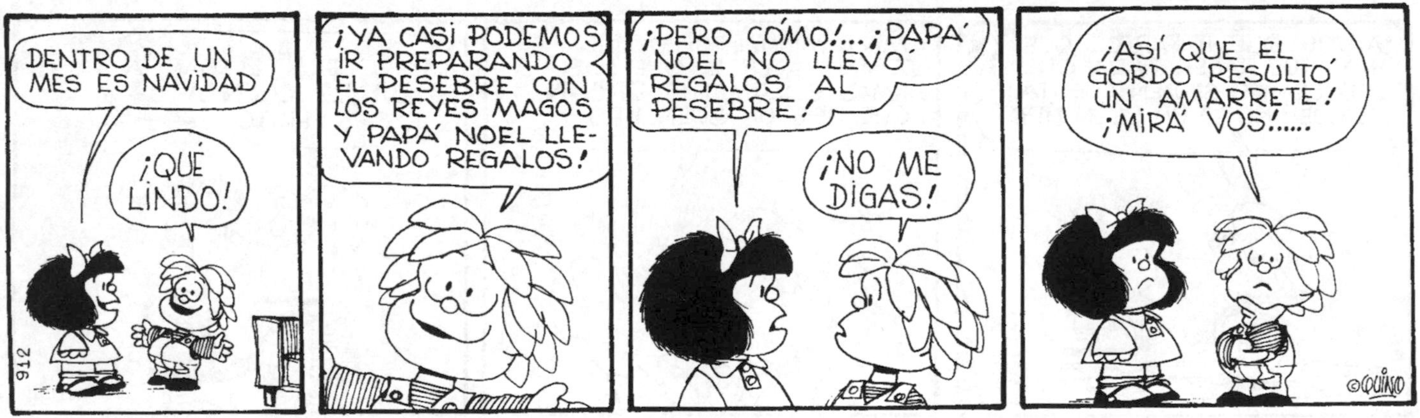
912
DENTRO DE UN MES ES NAVIDAD
¡QUÉ LINDO!
¡YA CASI PODEMOS IR PREPARANDO EL PESEBRE CON LOS REYES MAGOS Y PAPÁ NOEL LLE-VANDO REGALOS!
¡PERO CÓMO!...¡PAPÁ NOEL NO LLEVÓ REGALOS AL PESEBRE!
¡NO ME DIGAS!
¡ASÍ QUE EL GORDO RESULTÓ UN AMARRETE! ¡MIRÁ VOS!.....
©QUINO

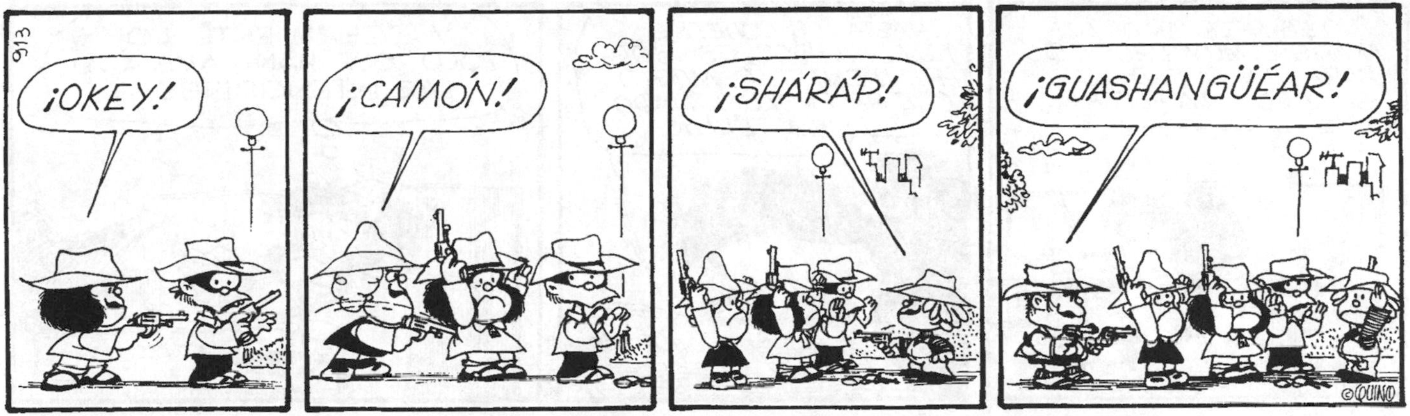
913
¡OKEY!
¡CAMÓN!
¡SHÁRÁP!
¡GUASHANGÜÉAR!
© QUINO

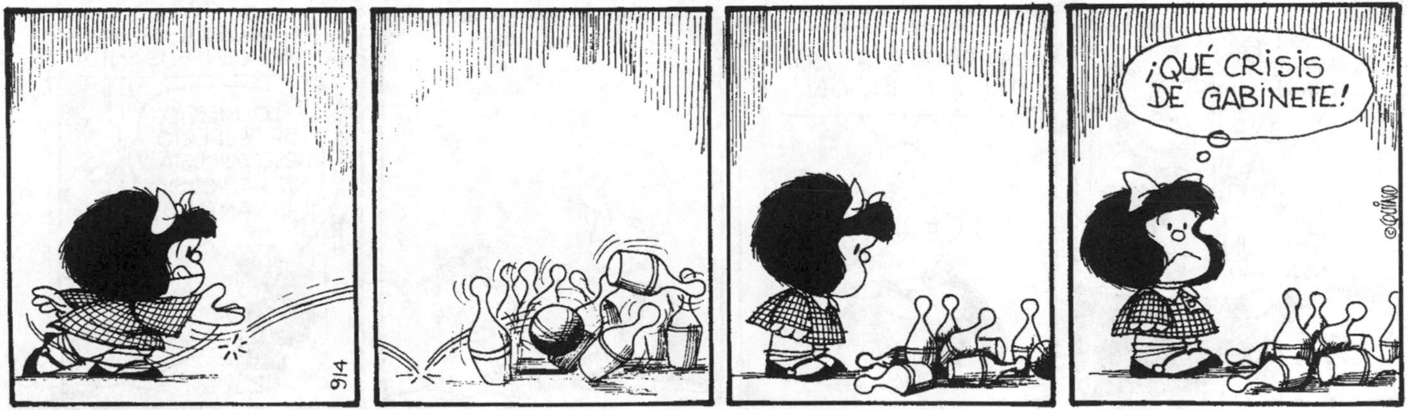
914
¡QUÉ CRISIS DE GABINETE!
© QUINO

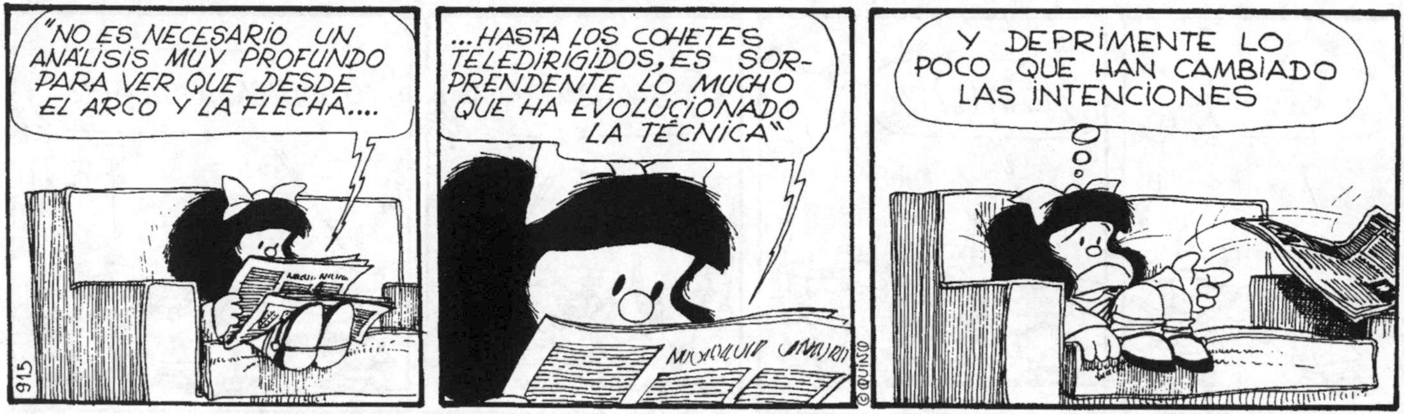
915
"NO ES NECESARIO UN ANÁLISIS MUY PROFUNDO PARA VER QUE DESDE EL ARCO Y LA FLECHA....
...HASTA LOS COHETES TELEDIRIGIDOS, ES SORPRENDENTE LO MUCHO QUE HA EVOLUCIONADO LA TÉCNICA"
©QUINO
Y DEPRIMENTE LO POCO QUE HAN CAMBIADO LAS INTENCIONES

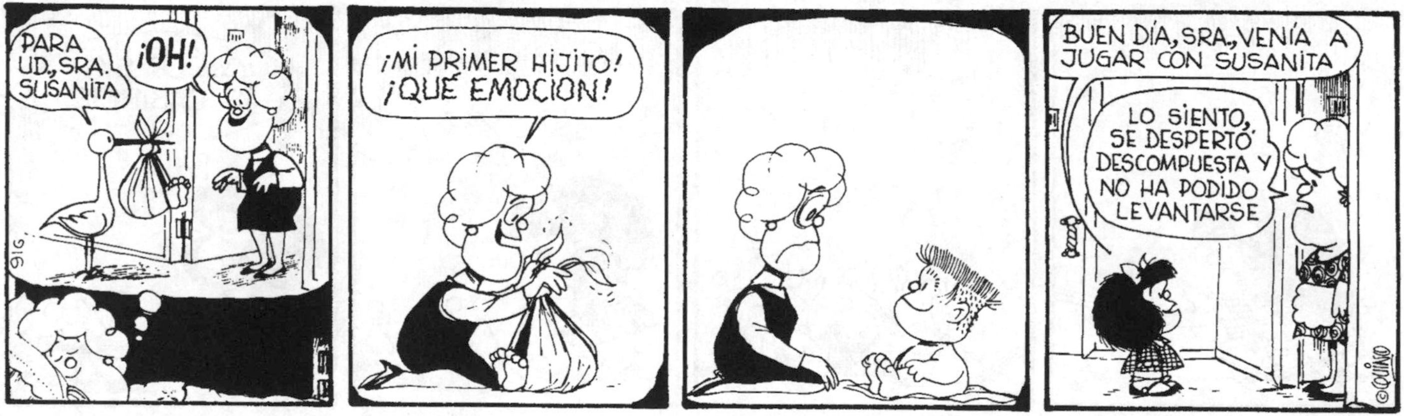
916
PARA UD., SRA. SUSANITA
¡OH!
¡MI PRIMER HIJITO! ¡QUÉ EMOCION!
BUEN DÍA, SRA., VENÍA A JUGAR CON SUSANITA
LO SIENTO, SE DESPERTÓ DESCOMPUESTA Y NO HA PODIDO LEVANTARSE
©QUINO

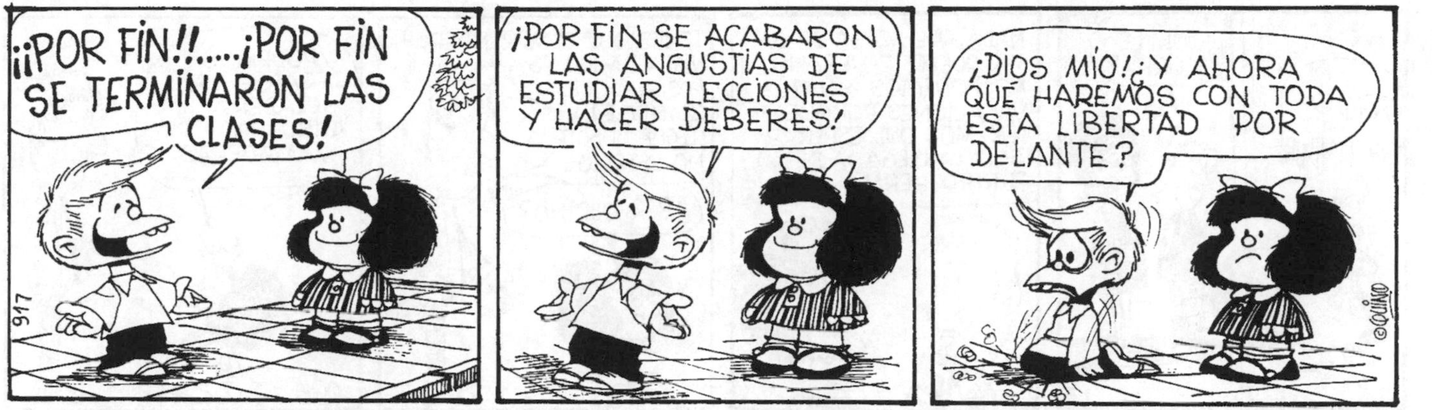
¡¡POR FIN!!....¡POR FIN SE TERMINARON LAS CLASES!
¡POR FIN SE ACABARON LAS ANGUSTIAS DE ESTUDIAR LECCIONES Y HACER DEBERES!
¡DIOS MÍO! ¿Y AHORA QUÉ HAREMOS CON TODA ESTA LIBERTAD POR DELANTE?

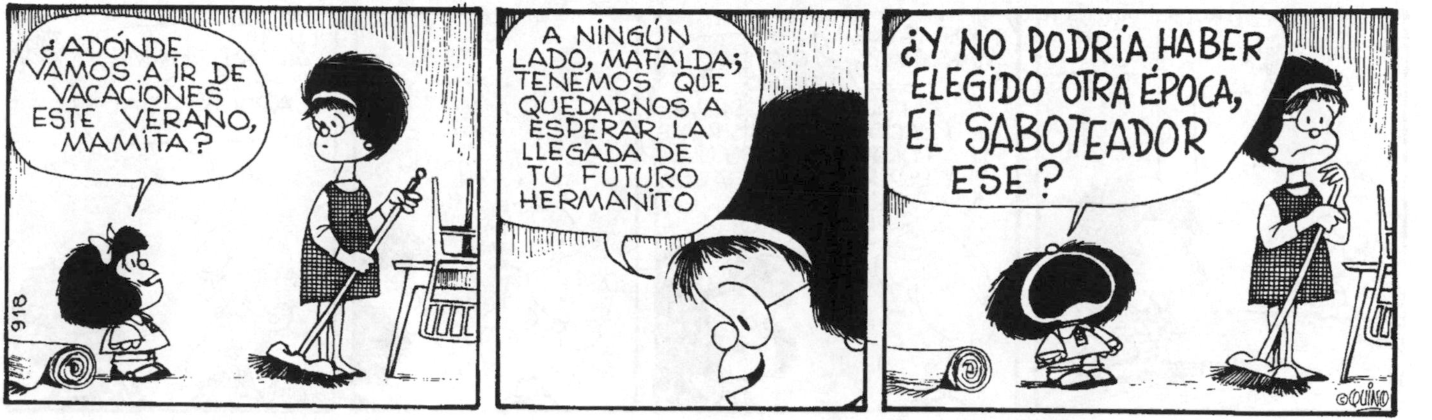
¿ADÓNDE VAMOS A IR DE VACACIONES ESTE VERANO, MAMITA?
A NINGÚN LADO, MAFALDA; TENEMOS QUE QUEDARNOS A ESPERAR LA LLEGADA DE TU FUTURO HERMANITO
¿Y NO PODRÍA HABER ELEGIDO OTRA ÉPOCA, EL SABOTEADOR ESE?

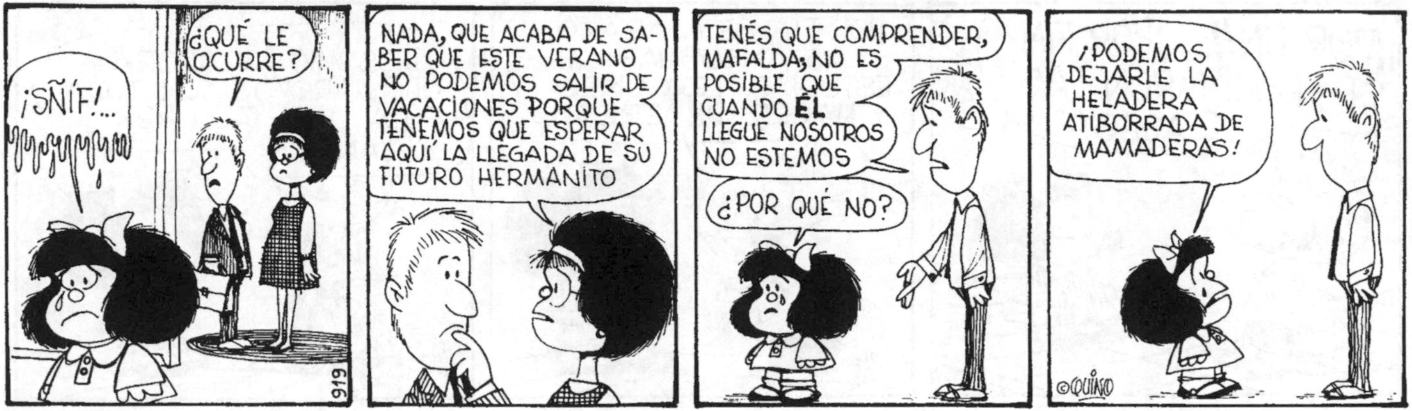
¡SÑÍF!...
¿QUÉ LE OCURRE?
919
NADA, QUE ACABA DE SABER QUE ESTE VERANO NO PODEMOS SALIR DE VACACIONES PORQUE TENEMOS QUE ESPERAR AQUÍ LA LLEGADA DE SU FUTURO HERMANITO
TENÉS QUE COMPRENDER, MAFALDA; NO ES POSIBLE QUE CUANDO **ÉL** LLEGUE NOSOTROS NO ESTEMOS
¿POR QUÉ NO?
¡PODEMOS DEJARLE LA HELADERA ATIBORRADA DE MAMADERAS!
©QUINO

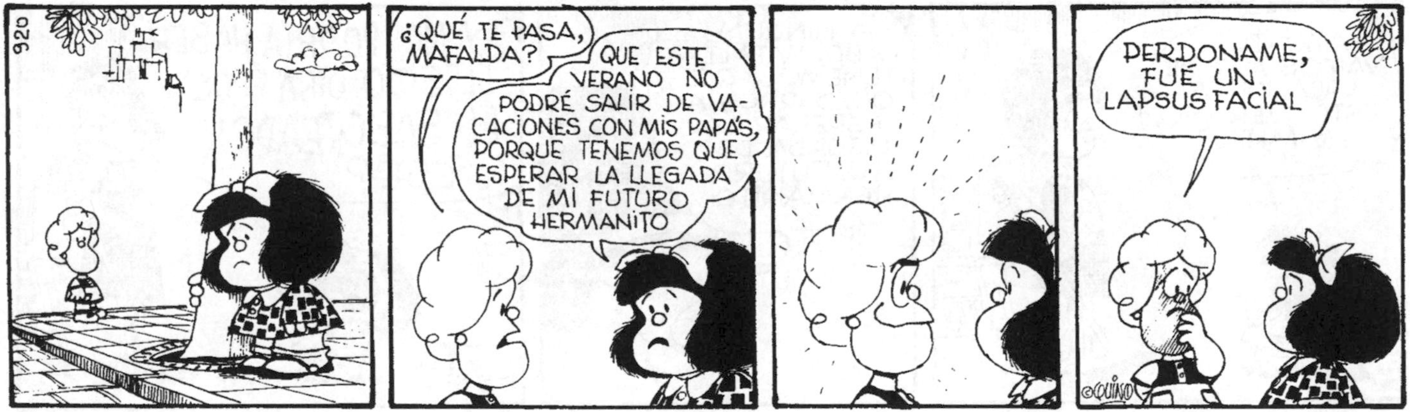
920
¿QUÉ TE PASA, MAFALDA?
QUE ESTE VERANO NO PODRÉ SALIR DE VACACIONES CON MIS PAPÁS, PORQUE TENEMOS QUE ESPERAR LA LLEGADA DE MI FUTURO HERMANITO
PERDONAME, FUÉ UN LAPSUS FACIAL
©QUINO

Panel 1: ME DA LÁSTIMA DE MAFALDA; AYER ME CONTÓ QUE ESTE VERANO **NO** PODRÁ IR DE VACACIONES CON SUS PAPÁS

¿POR QUÉ?

Panel 2: PORQUE TIENEN QUE QUEDARSE A ESPERAR LA LLEGADA DE SU FUTURO HERMANITO

AAH, CLARO

Panel 3: NO TE IMAGINÁS LA PENA QUE ME DIO VERLA TAN TRISTE POR ESE ASUNTO. MÍRALA, ¡POBRE!, ALLÁ VIENE

Panel 4: HOLA, MAFALDITA

HOLA, ¿CÓMO LES VA?

Panel 5: Y,....FANTÁSTICAMENTE BIEN, PORQUE YA VIENE LA ÉPOCA EN QUE UNO EMPIEZA A PENSAR EN SU VERANEO!

921

Panel 6: ¡HOLA!

HOLA

Panel 7: ¿SABEN LO RICOS QUE SON LOS TURRONES, EL PAN DULCE Y LAS PELADILLAS QUE RECIBIÓ EL ALMACÉN DE MANOLITO? ¡BÁRBAROS!

¿CUÁNDO PROBASTE TODO ESO, MIGUELITO?

Panel 8: NUNCA, PERO **ME PAGA** CON CARAMELOS

922

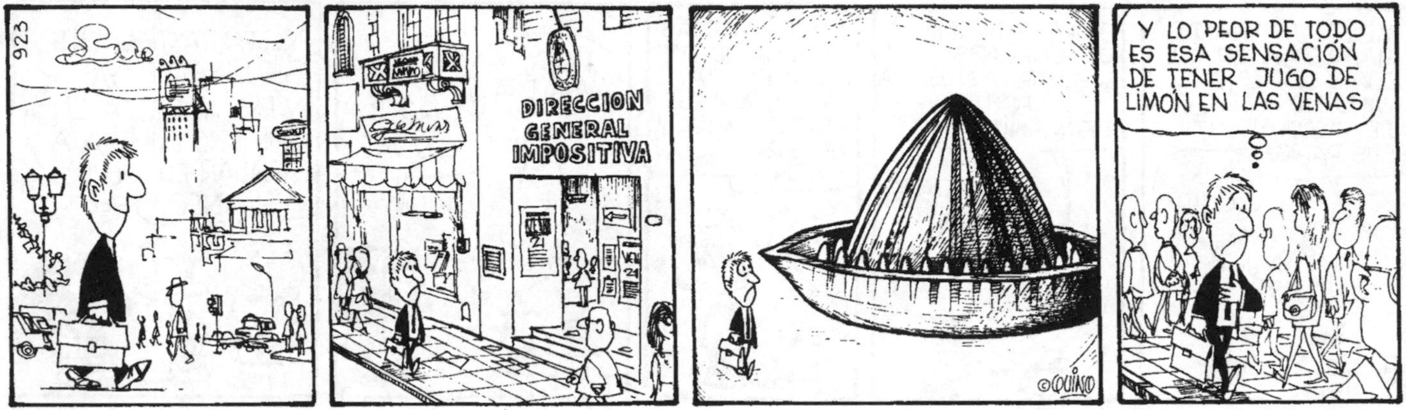
923
DIRECCION GENERAL IMPOSITIVA
©QUINO
Y LO PEOR DE TODO ES ESA SENSACIÓN DE TENER JUGO DE LIMÓN EN LAS VENAS

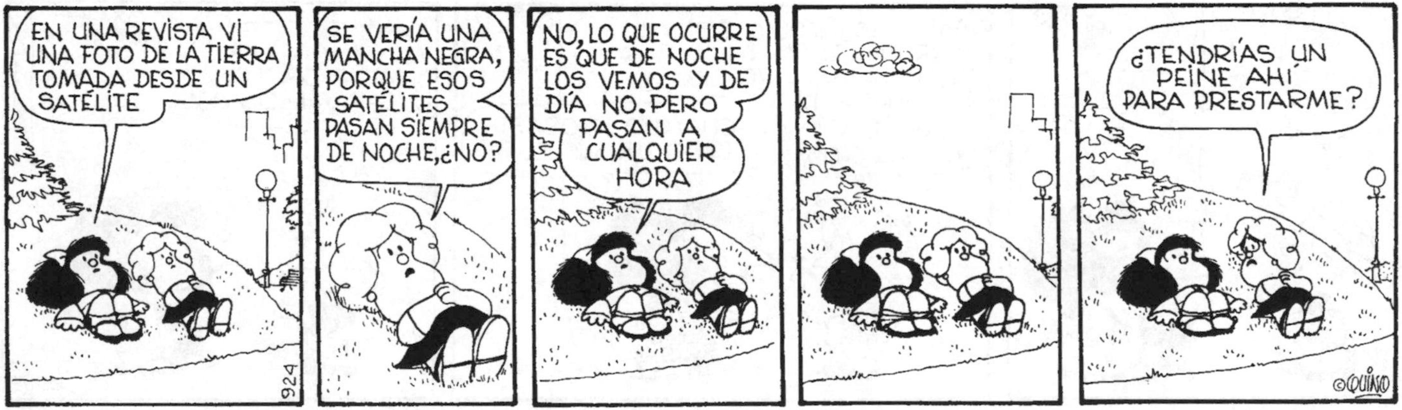
EN UNA REVISTA VÍ UNA FOTO DE LA TIERRA TOMADA DESDE UN SATÉLITE
924
SE VERÍA UNA MANCHA NEGRA, PORQUE ESOS SATÉLITES PASAN SIEMPRE DE NOCHE, ¿NO?
NO, LO QUE OCURRE ES QUE DE NOCHE LOS VEMOS Y DE DÍA NO. PERO PASAN A CUALQUIER HORA
¿TENDRÍAS UN PEINE AHÍ PARA PRESTARME?
©QUINO

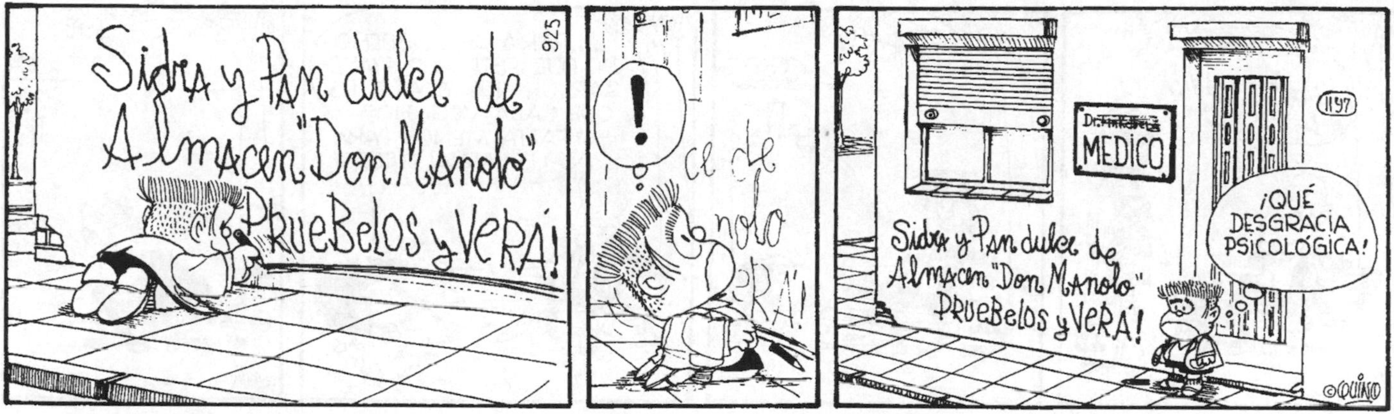
925
Sidra y Pan dulce de Almacen "Don Manolo" PRUEBELOS y VERÁ!
!
1197
MEDICO
Sidra y Pan dulce de Almacen "Don Manolo" PRUEBELOS y VERÁ!
¡QUÉ DESGRACIA PSICOLÓGICA!
©QUINO

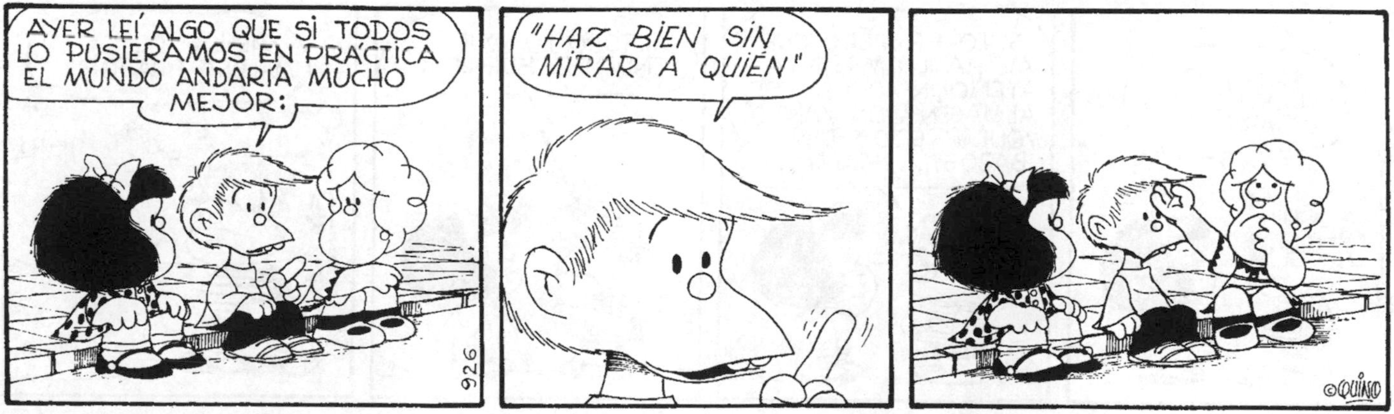
AYER LEÍ ALGO QUE SI TODOS LO PUSIÉRAMOS EN PRÁCTICA EL MUNDO ANDARÍA MUCHO MEJOR:
926
"HAZ BIEN SIN MIRAR A QUIÉN"
©QUINO

927

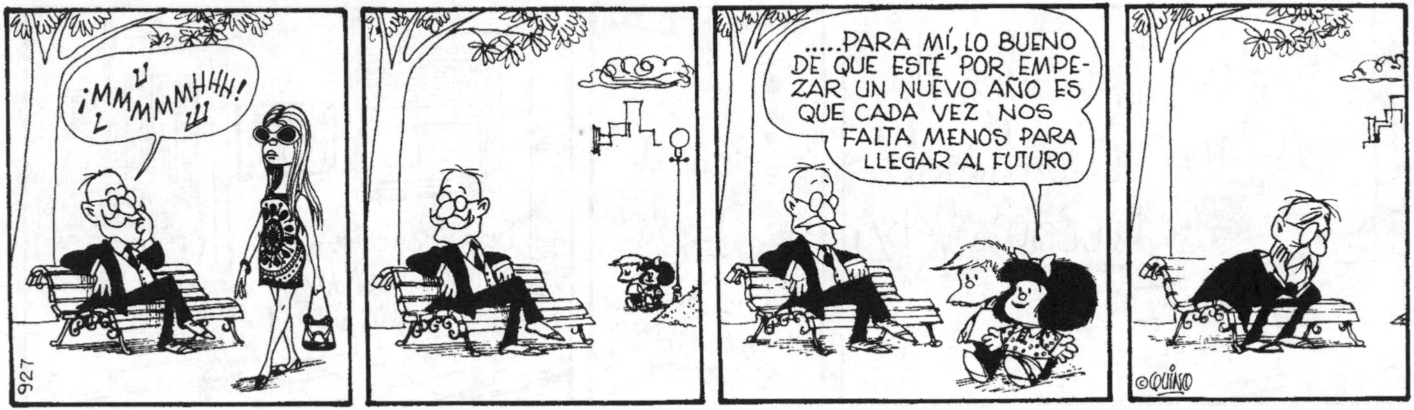
¡MMMMMHHH!
.....PARA MÍ, LO BUENO DE QUE ESTÉ POR EMPEZAR UN NUEVO AÑO ES QUE CADA VEZ NOS FALTA MENOS PARA LLEGAR AL FUTURO
©QUINO

928

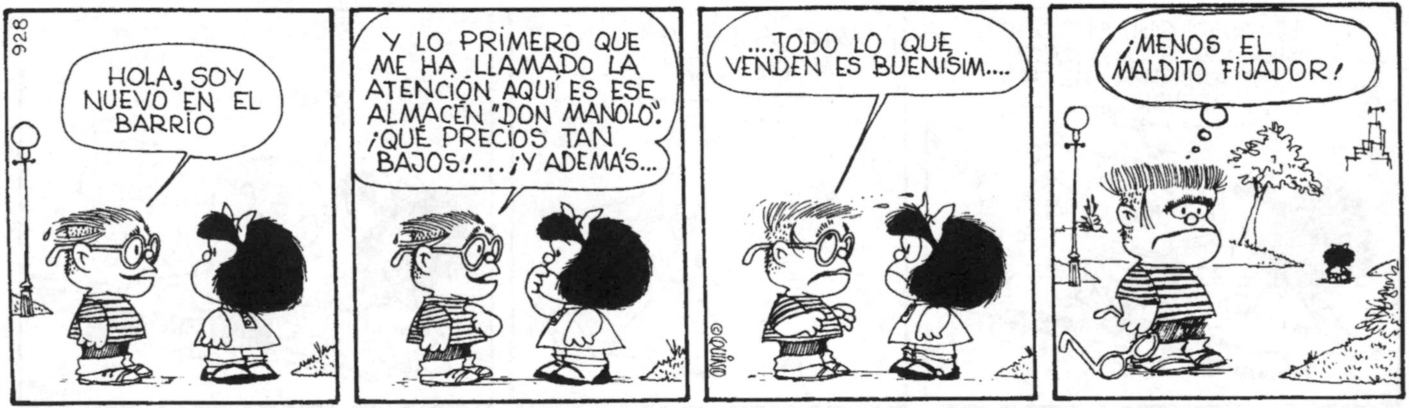
HOLA, SOY NUEVO EN EL BARRIO
Y LO PRIMERO QUE ME HA LLAMADO LA ATENCIÓN AQUÍ ES ESE ALMACÉN "DON MANOLO". ¡QUÉ PRECIOS TAN BAJOS!.... ¡Y ADEMÁS...
....TODO LO QUE VENDEN ES BUENÍSIM....
¡MENOS EL MALDITO FIJADOR!
©QUINO

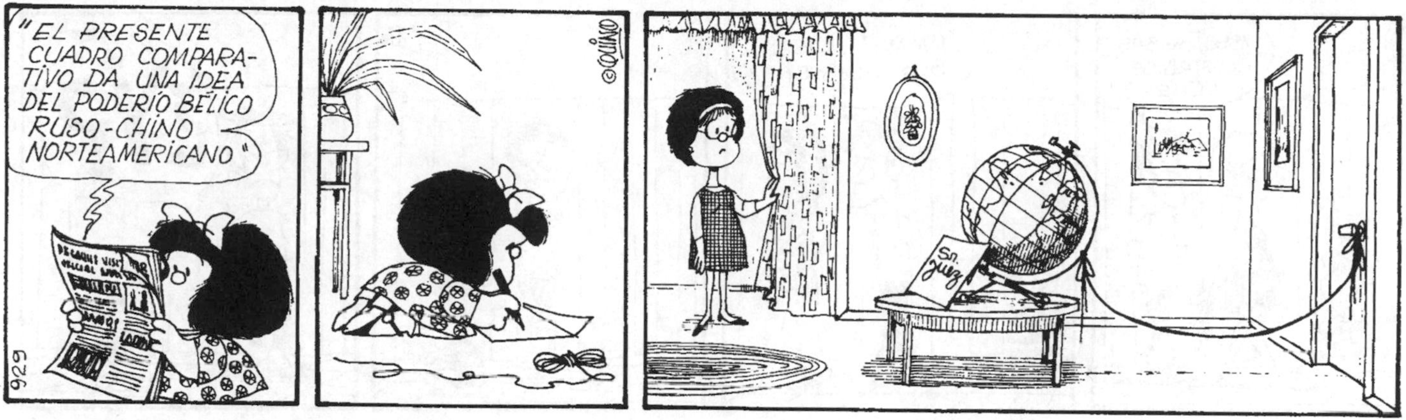
"EL PRESENTE CUADRO COMPARATIVO DA UNA IDEA DEL PODERÍO BÉLICO RUSO-CHINO NORTEAMERICANO"
929
©QUINO
Sn. Juez

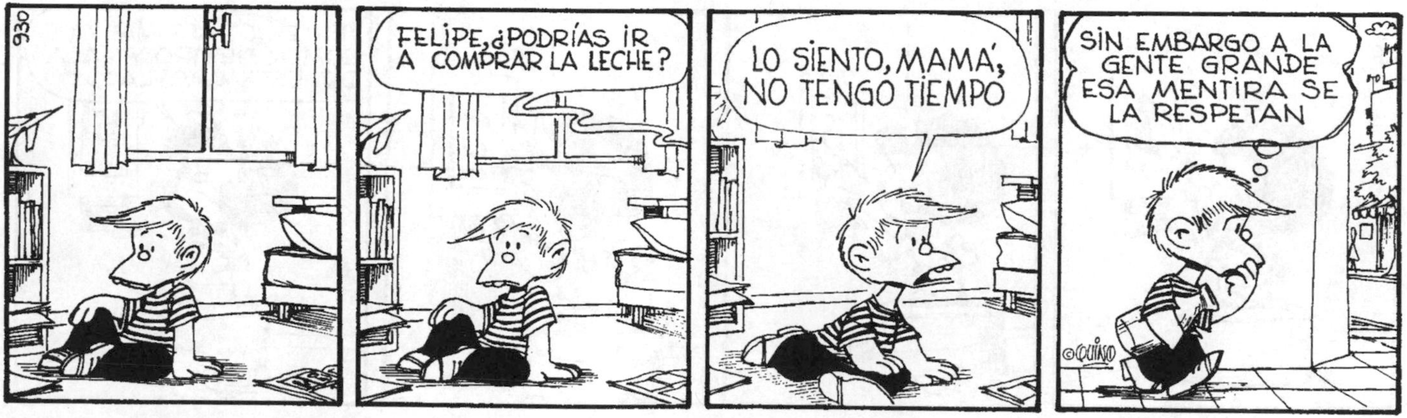
930
FELIPE, ¿PODRÍAS IR A COMPRAR LA LECHE?
LO SIENTO, MAMÁ, NO TENGO TIEMPO
SIN EMBARGO A LA GENTE GRANDE ESA MENTIRA SE LA RESPETAN
©QUINO

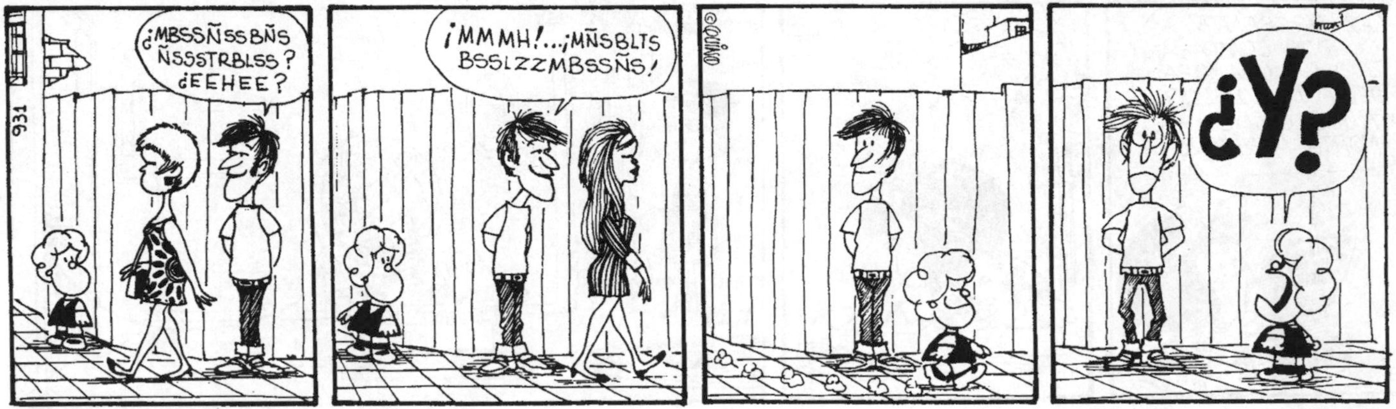
931
¿MBSSÑSSBÑS ÑSSSTRBLSS? ¿EEHEE?
¡MMMH!...¡MÑSBLTS BSSLZZMBSSÑS!
©QUINO
¿Y?

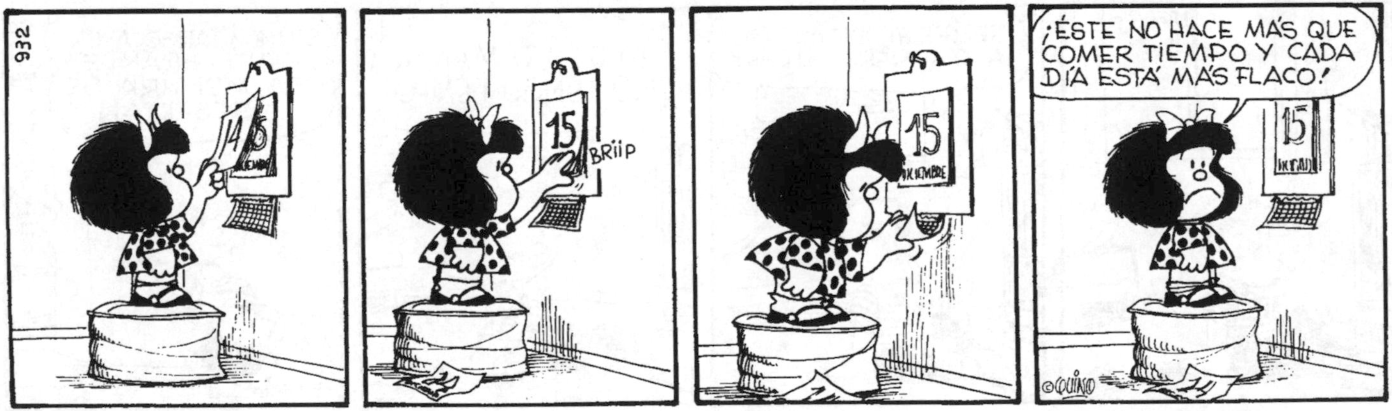
932
15
BRIIP
15
¡ÉSTE NO HACE MÁS QUE COMER TIEMPO Y CADA DÍA ESTÁ MÁS FLACO!
©QUINO

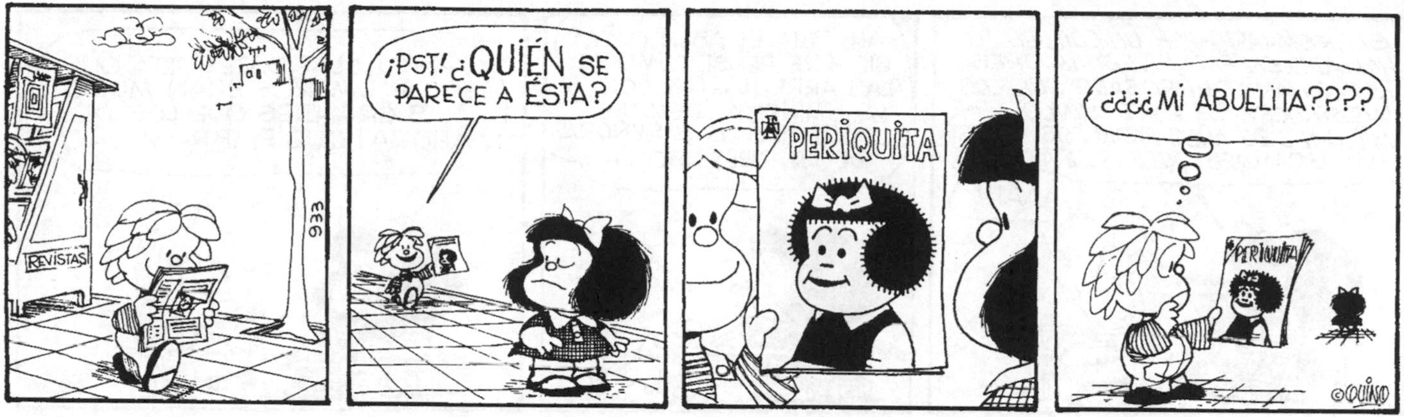
REVISTAS
933
¡PST! ¿QUIÉN SE PARECE A ÉSTA?
PERIQUITA
¿¿¿¿MI ABUELITA????
PERIQUITA
©QUINO

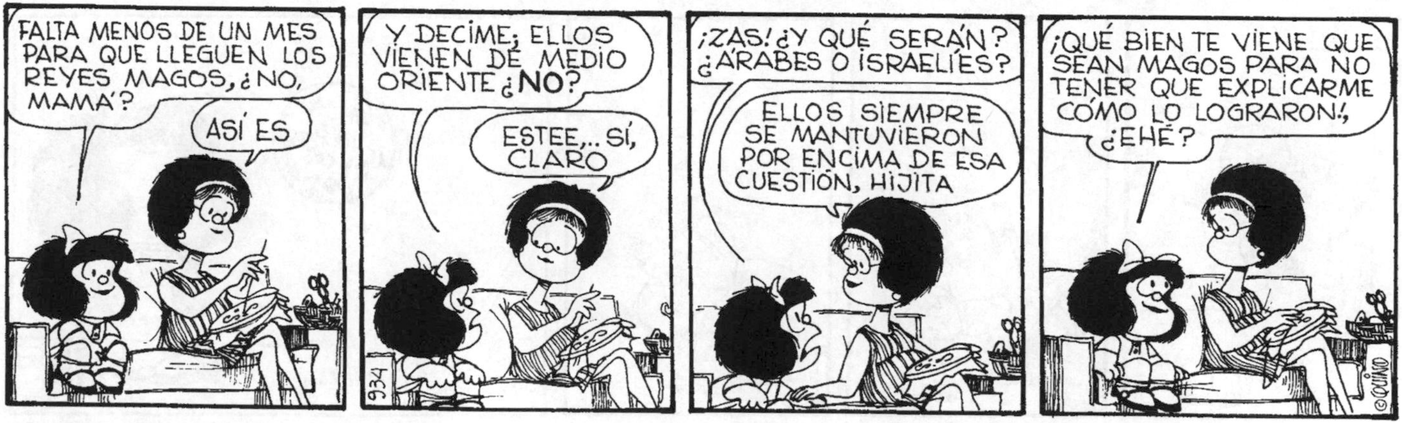
FALTA MENOS DE UN MES PARA QUE LLEGUEN LOS REYES MAGOS, ¿NO, MAMÁ?
ASÍ ES
Y DECIME; ELLOS VIENEN DE MEDIO ORIENTE ¿**NO**?
ESTEE,.. SÍ, CLARO
934
¡ZAS! ¿Y QUÉ SERÁN? ¿ÁRABES O ISRAELÍES?
ELLOS SIEMPRE SE MANTUVIERON POR ENCIMA DE ESA CUESTIÓN, HIJITA
¡QUÉ BIEN TE VIENE QUE SEAN MAGOS PARA NO TENER QUE EXPLICARME CÓMO LO LOGRARON!, ¿EHÉ?
©QUINO

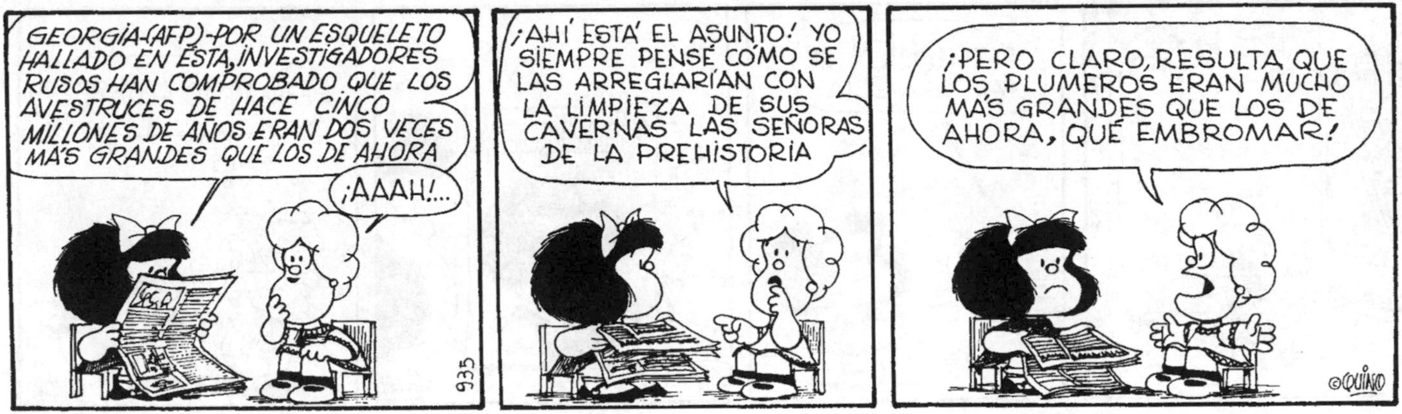
GEORGIA-(AFP)-POR UN ESQUELETO HALLADO EN ESTA, INVESTIGADORES RUSOS HAN COMPROBADO QUE LOS AVESTRUCES DE HACE CINCO MILLONES DE AÑOS ERAN DOS VECES MÁS GRANDES QUE LOS DE AHORA
¡AAAH!...
935
¡AHÍ ESTÁ EL ASUNTO! YO SIEMPRE PENSÉ CÓMO SE LAS ARREGLARÍAN CON LA LIMPIEZA DE SUS CAVERNAS LAS SEÑORAS DE LA PREHISTORIA
¡PERO CLARO, RESULTA QUE LOS PLUMEROS ERAN MUCHO MÁS GRANDES QUE LOS DE AHORA, QUÉ EMBROMAR!
©QUINO

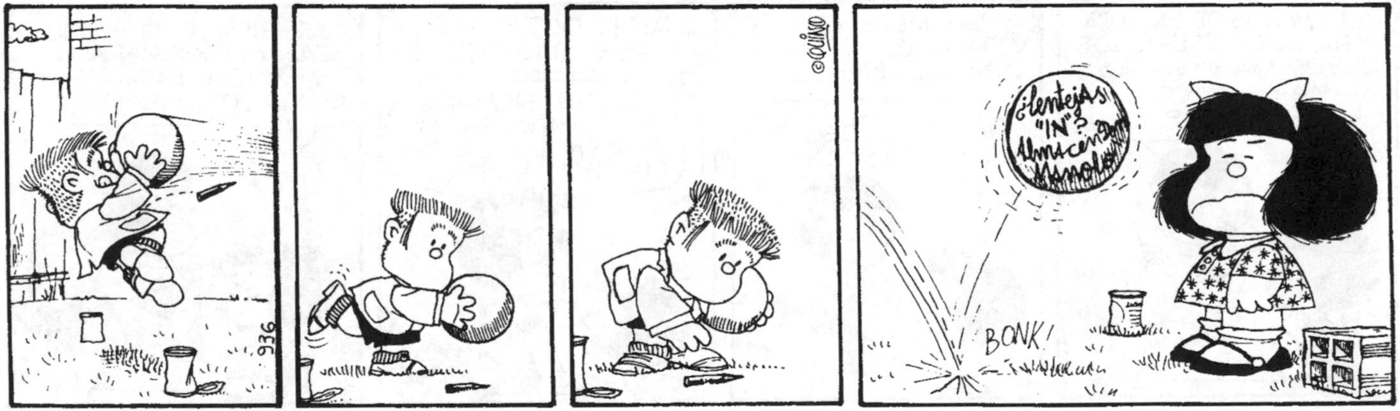
936
©QUINO
¿Lentejas "IN"? Almacén Don Manolo
BONK!

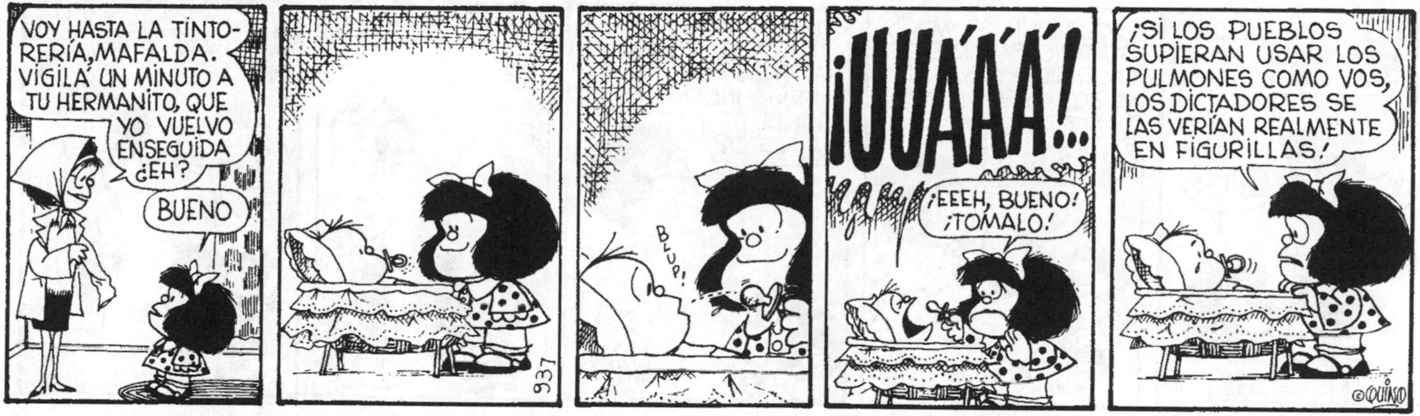
VOY HASTA LA TINTORERÍA, MAFALDA. VIGILÁ UN MINUTO A TU HERMANITO, QUE YO VUELVO ENSEGUIDA ¿EH?
BUENO
937
BLUP!
¡UUÁÁÁ!...
¡EEEH, BUENO! ¡TOMALO!
¡SI LOS PUEBLOS SUPIERAN USAR LOS PULMONES COMO VOS, LOS DICTADORES SE LAS VERÍAN REALMENTE EN FIGURILLAS!
©QUINO

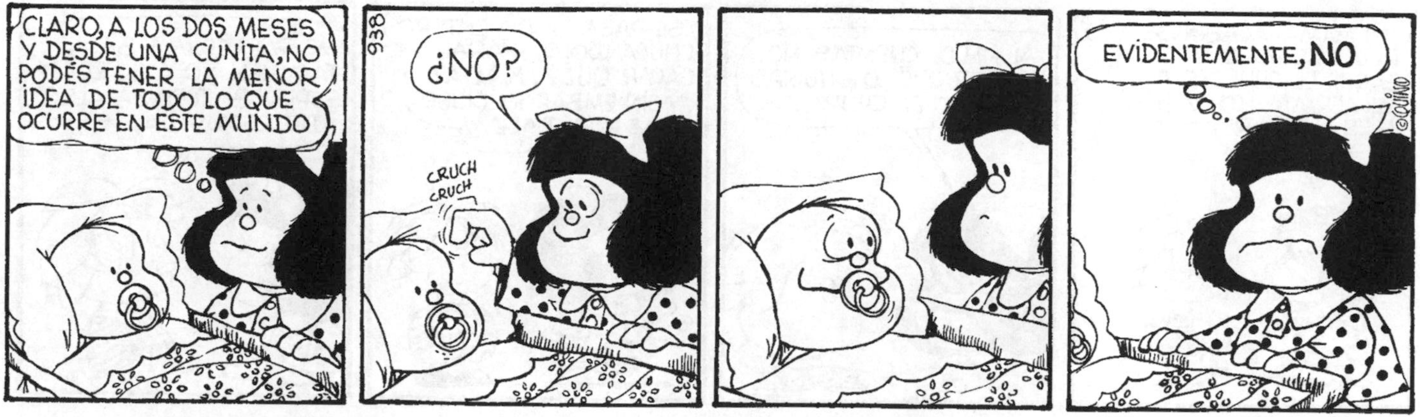
CLARO, A LOS DOS MESES Y DESDE UNA CUNITA, NO PODÉS TENER LA MENOR IDEA DE TODO LO QUE OCURRE EN ESTE MUNDO
938
¿NO?
CRUCH CRUCH
EVIDENTEMENTE, NO
©QUINO

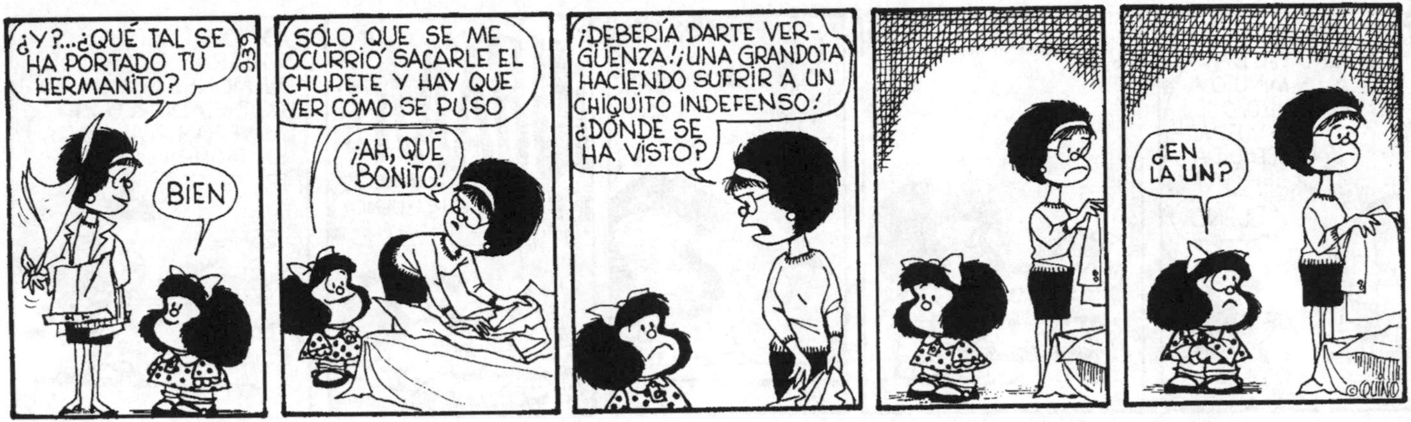
939
¿Y?...¿QUÉ TAL SE HA PORTADO TU HERMANITO?
BIEN
SÓLO QUE SE ME OCURRIÓ SACARLE EL CHUPETE Y HAY QUE VER CÓMO SE PUSO
¡AH, QUÉ BONITO!
¡DEBERÍA DARTE VERGÜENZA!¡UNA GRANDOTA HACIENDO SUFRIR A UN CHIQUITO INDEFENSO! ¿DÓNDE SE HA VISTO?
¿EN LA UN?
© QUINO

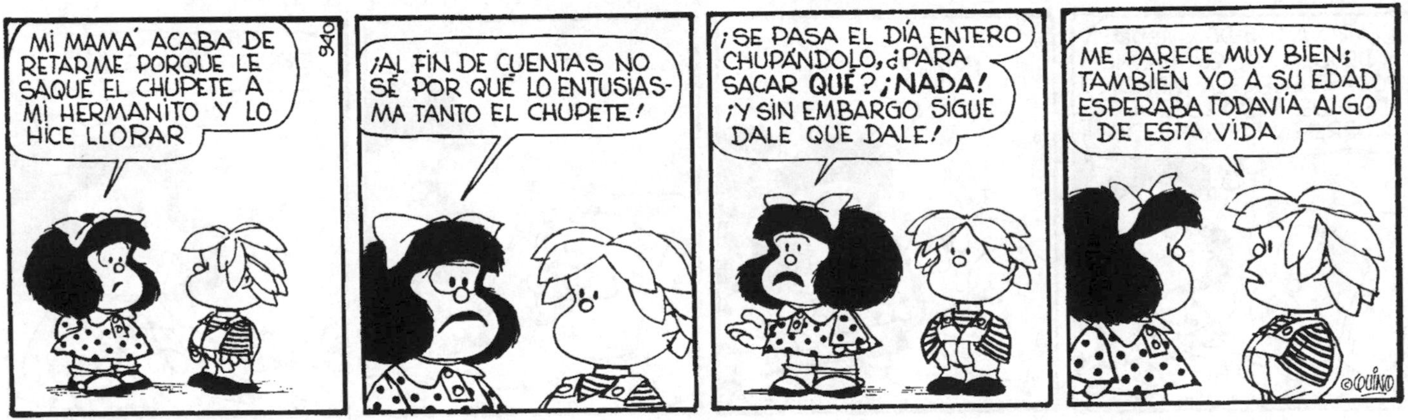
940
MI MAMÁ ACABA DE RETARME PORQUE LE SAQUÉ EL CHUPETE A MI HERMANITO Y LO HICE LLORAR
¡AL FIN DE CUENTAS NO SÉ POR QUÉ LO ENTUSIASMA TANTO EL CHUPETE!
¡SE PASA EL DÍA ENTERO CHUPÁNDOLO, ¿PARA SACAR QUÉ? ¡NADA! ¡Y SIN EMBARGO SIGUE DALE QUE DALE!
ME PARECE MUY BIEN; TAMBIÉN YO A SU EDAD ESPERABA TODAVÍA ALGO DE ESTA VIDA
© QUINO

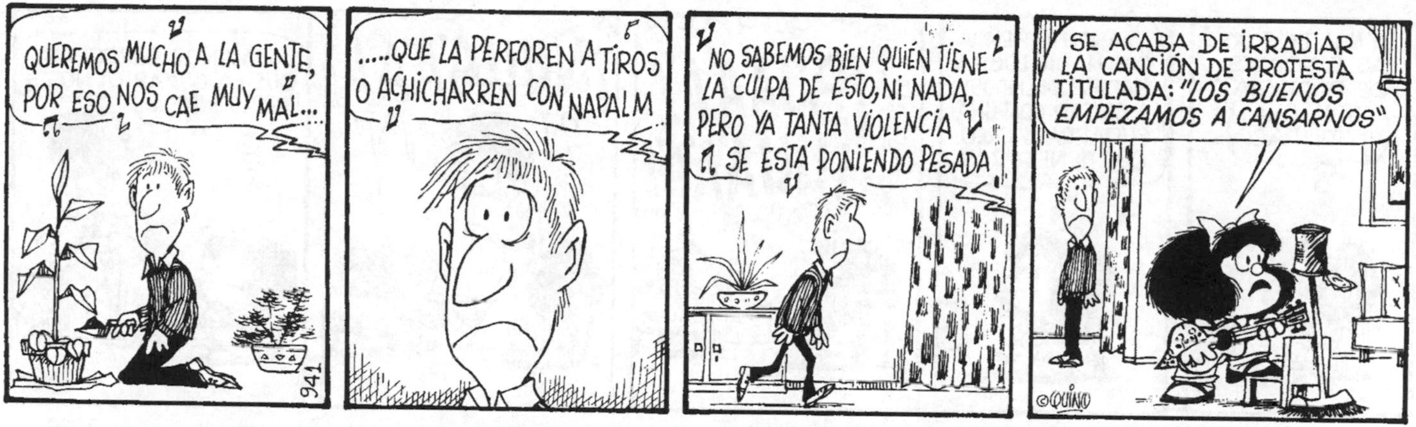
QUEREMOS MUCHO A LA GENTE, POR ESO NOS CAE MUY MAL...
.....QUE LA PERFOREN A TIROS O ACHICHARREN CON NAPALM
NO SABEMOS BIEN QUIÉN TIENE LA CULPA DE ESTO, NI NADA, PERO YA TANTA VIOLENCIA SE ESTÁ PONIENDO PESADA
SE ACABA DE IRRADIAR LA CANCIÓN DE PROTESTA TITULADA: "LOS BUENOS EMPEZAMOS A CANSARNOS"
941
©QUINO

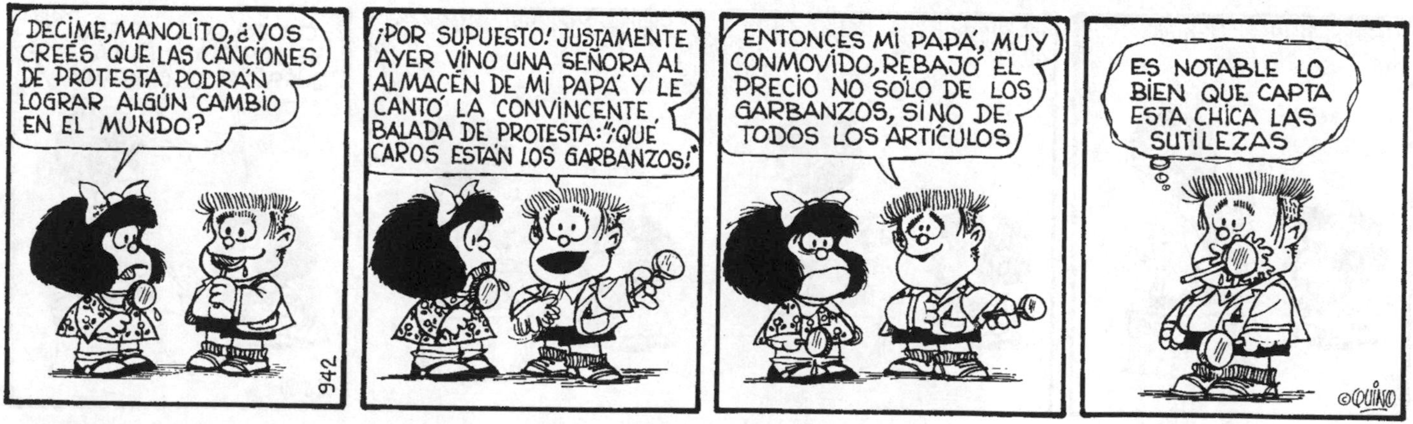
DECIME, MANOLITO, ¿VOS CREÉS QUE LAS CANCIONES DE PROTESTA PODRÁN LOGRAR ALGÚN CAMBIO EN EL MUNDO?
¡POR SUPUESTO! JUSTAMENTE AYER VINO UNA SEÑORA AL ALMACÉN DE MI PAPÁ Y LE CANTÓ LA CONVINCENTE BALADA DE PROTESTA: "¡QUÉ CAROS ESTÁN LOS GARBANZOS!"
ENTONCES MI PAPÁ, MUY CONMOVIDO, REBAJÓ EL PRECIO NO SÓLO DE LOS GARBANZOS, SINO DE TODOS LOS ARTÍCULOS
ES NOTABLE LO BIEN QUE CAPTA ESTA CHICA LAS SUTILEZAS
942
©QUINO

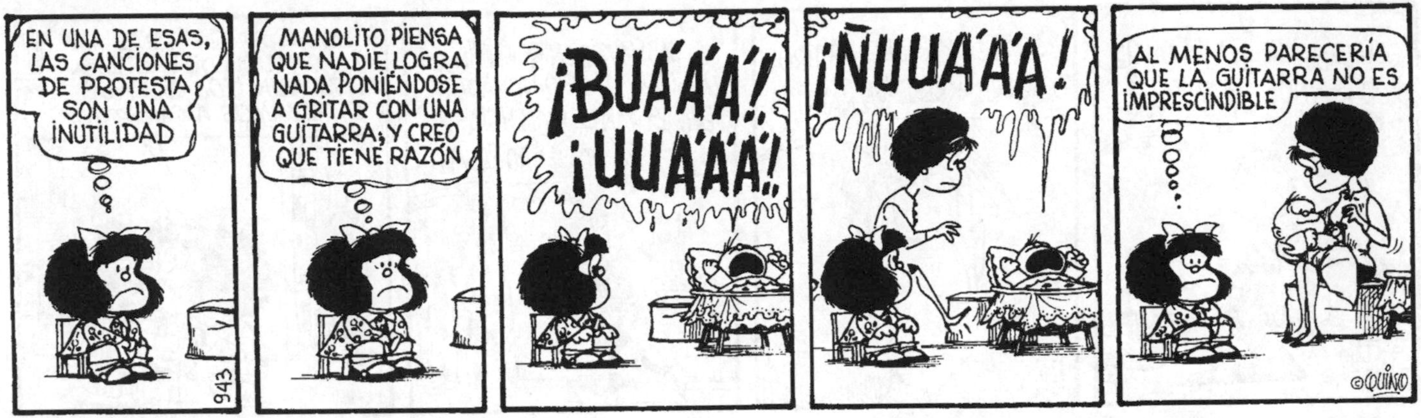
EN UNA DE ESAS, LAS CANCIONES DE PROTESTA SON UNA INUTILIDAD
943
MANOLITO PIENSA QUE NADIE LOGRA NADA PONIÉNDOSE A GRITAR CON UNA GUITARRA, Y CREO QUE TIENE RAZÓN
¡BUAÁÁÁ! ¡UUAÁÁÁ!
¡ÑUUAÁÁÁ!
AL MENOS PARECERÍA QUE LA GUITARRA NO ES IMPRESCINDIBLE
©QUINO

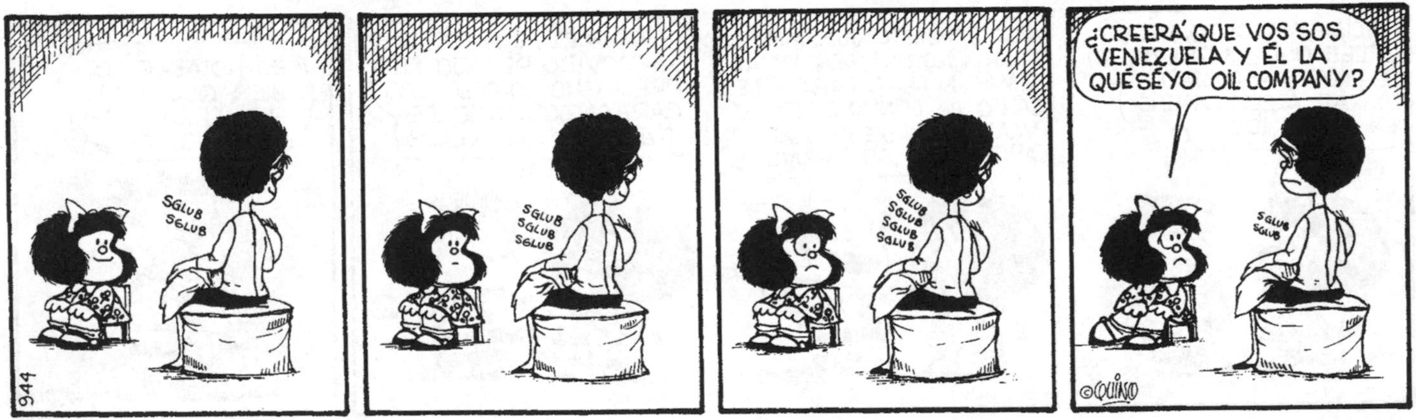
944
SGLUB SGLUB
SGLUB SGLUB SGLUB
SGLUB SGLUB SGLUB SGLUB
¿CREERÁ QUE VOS SOS VENEZUELA Y ÉL LA QUÉSÉYO OIL COMPANY?
SGLUB SGLUB
©QUINO

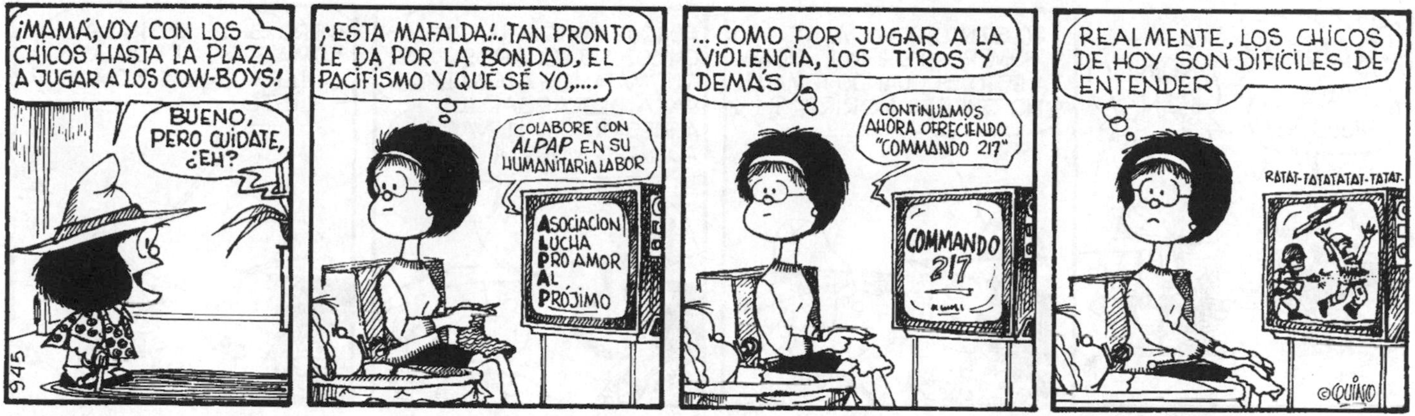
945
¡MAMÁ, VOY CON LOS CHICOS HASTA LA PLAZA A JUGAR A LOS COW-BOYS!
BUENO, PERO CUIDATE, ¿EH?
¡ESTA MAFALDA!.. TAN PRONTO LE DA POR LA BONDAD, EL PACIFISMO Y QUÉ SÉ YO,....
COLABORE CON ALPAP EN SU HUMANITARIA LABOR
ASOCIACION LUCHA PRO AMOR AL PRÓJIMO
... COMO POR JUGAR A LA VIOLENCIA, LOS TIROS Y DEMÁS
CONTINUAMOS AHORA OFRECIENDO "COMMANDO 217"
COMMANDO 217
REALMENTE, LOS CHICOS DE HOY SON DIFÍCILES DE ENTENDER
RATAT-TATATATAT-TATAT-
©QUINO

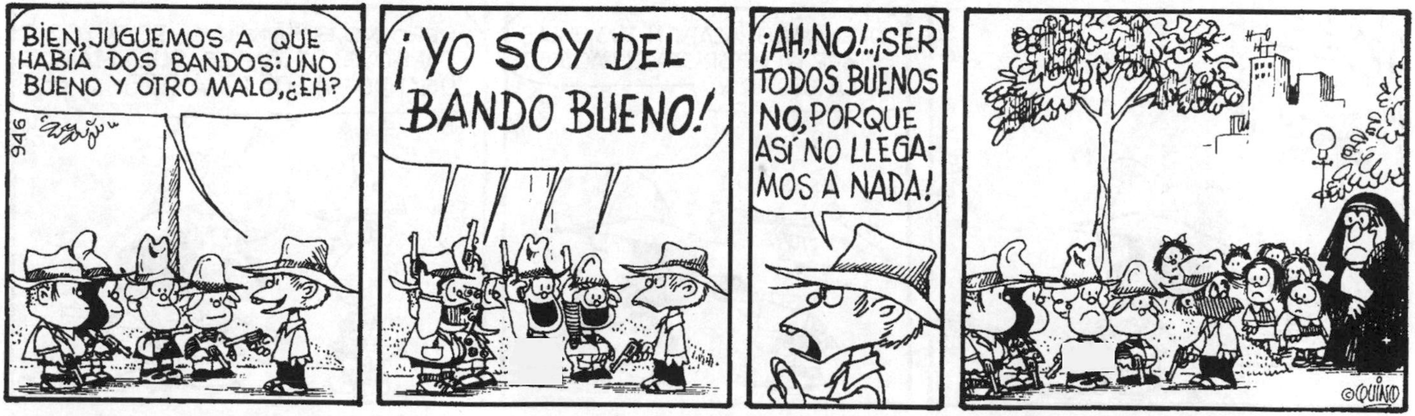
946
BIEN, JUGUEMOS A QUE HABÍA DOS BANDOS: UNO BUENO Y OTRO MALO, ¿EH?
¡YO SOY DEL BANDO BUENO!
¡AH, NO!..¡SER TODOS BUENOS NO, PORQUE ASÍ NO LLEGAMOS A NADA!
©QUINO

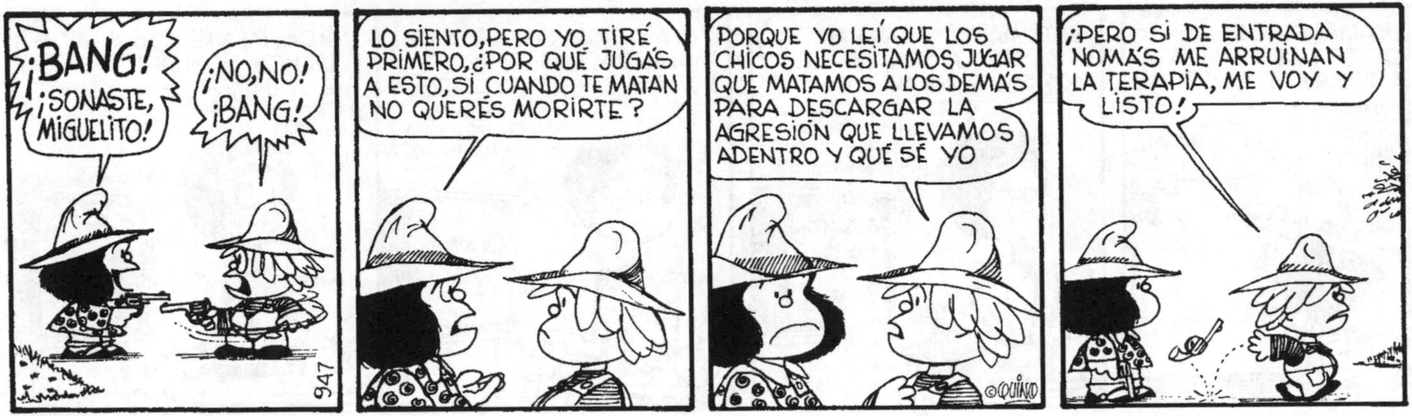
¡BANG!
¡SONASTE, MIGUELITO!
¡NO, NO! ¡BANG!
947
LO SIENTO, PERO YO TIRÉ PRIMERO, ¿POR QUÉ JUGÁS A ESTO, SI CUANDO TE MATAN NO QUERÉS MORIRTE?
PORQUE YO LEÍ QUE LOS CHICOS NECESITAMOS JUGAR QUE MATAMOS A LOS DEMÁS PARA DESCARGAR LA AGRESIÓN QUE LLEVAMOS ADENTRO Y QUÉ SÉ YO
©QUINO
¡PERO SI DE ENTRADA NOMÁS ME ARRUINAN LA TERAPIA, ME VOY Y LISTO!

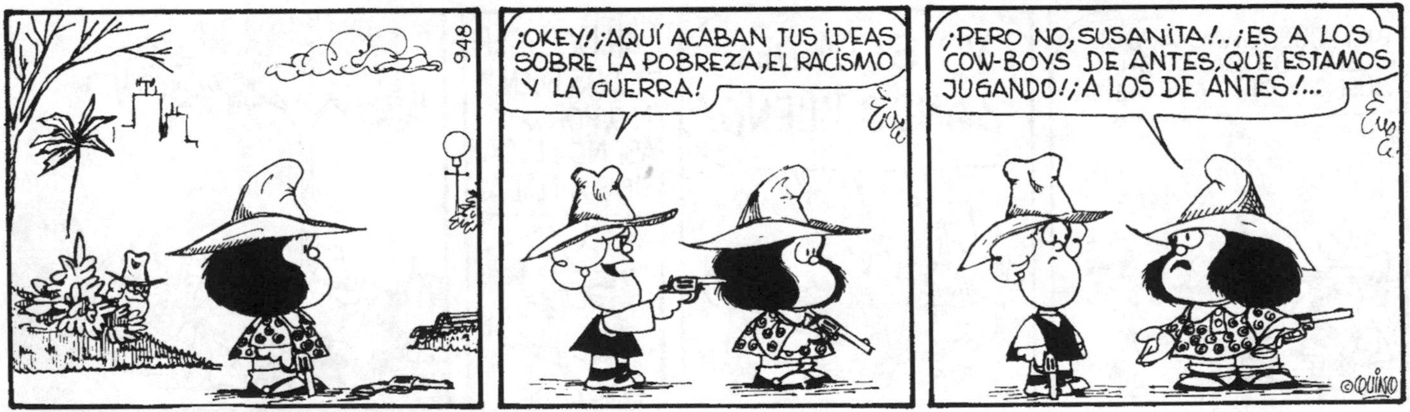
948
¡OKEY! ¡AQUÍ ACABAN TUS IDEAS SOBRE LA POBREZA, EL RACISMO Y LA GUERRA!
¡PERO NO, SUSANITA!.. ¡ES A LOS COW-BOYS DE ANTES, QUE ESTAMOS JUGANDO! ¡A LOS DE ANTES!...
©QUINO

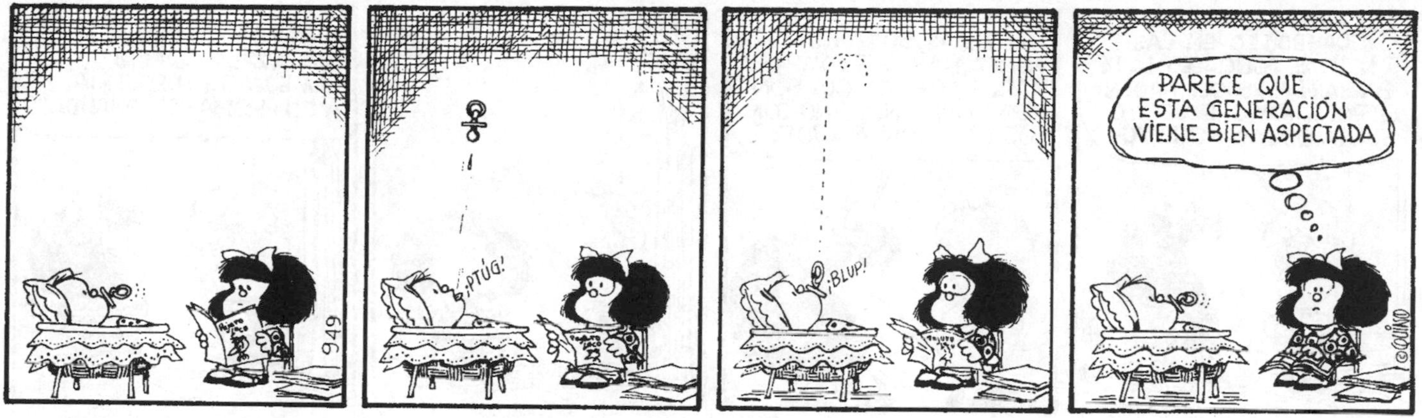
949
¡PTÚG!
¡BLUP!
PARECE QUE ESTA GENERACIÓN VIENE BIEN ASPECTADA
©QUINO

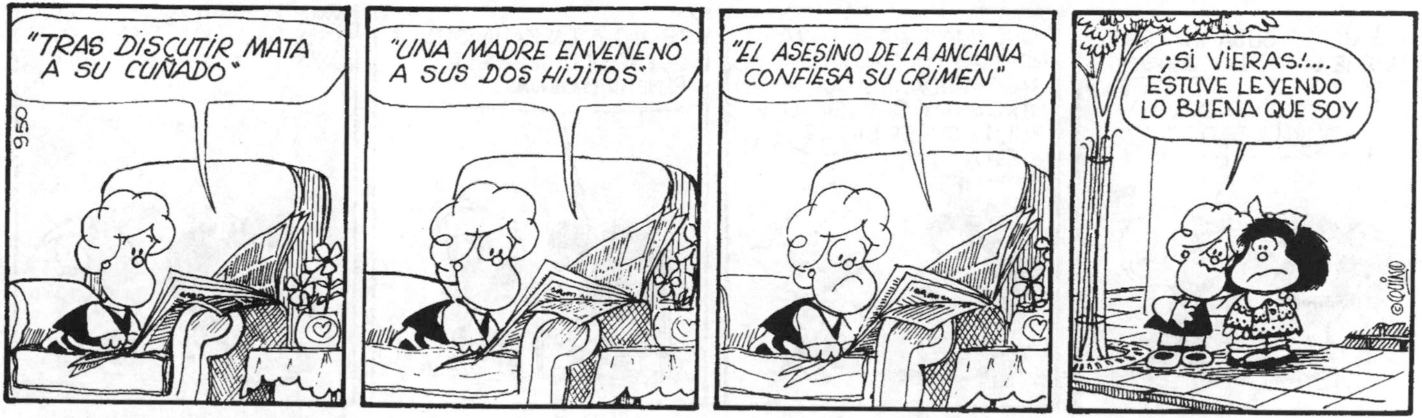
950
"TRAS DISCUTIR MATA A SU CUÑADO"
"UNA MADRE ENVENENÓ A SUS DOS HIJITOS"
"EL ASESINO DE LA ANCIANA CONFIESA SU CRIMEN"
¡SI VIERAS!.... ESTUVE LEYENDO LO BUENA QUE SOY
©QUINO

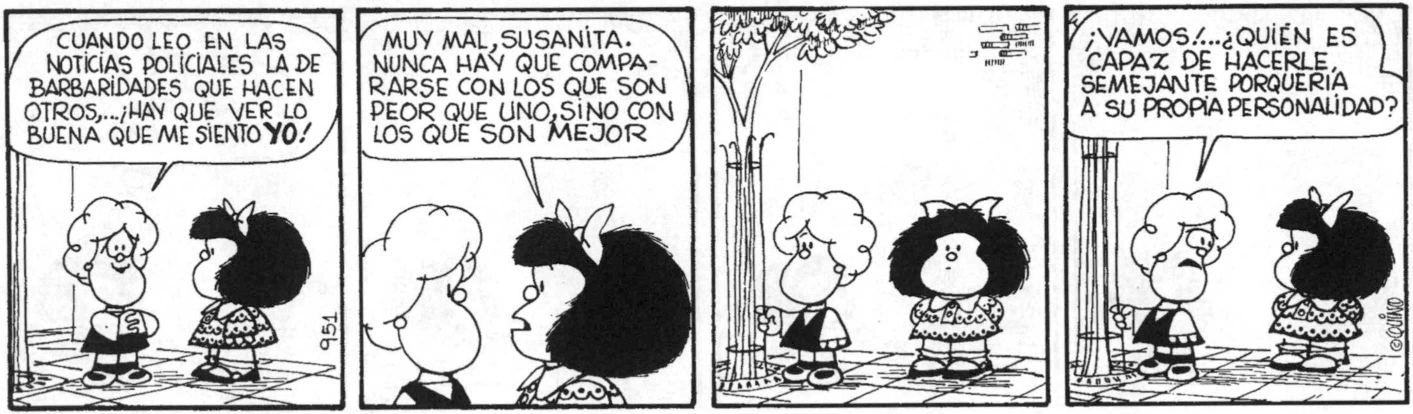
CUANDO LEO EN LAS NOTICIAS POLICIALES LA DE BARBARIDADES QUE HACEN OTROS,...¡HAY QUE VER LO BUENA QUE ME SIENTO YO!
951
MUY MAL, SUSANITA. NUNCA HAY QUE COMPARARSE CON LOS QUE SON PEOR QUE UNO, SINO CON LOS QUE SON MEJOR
¡VAMOS!...¿QUIÉN ES CAPAZ DE HACERLE SEMEJANTE PORQUERÍA A SU PROPIA PERSONALIDAD?
©QUINO

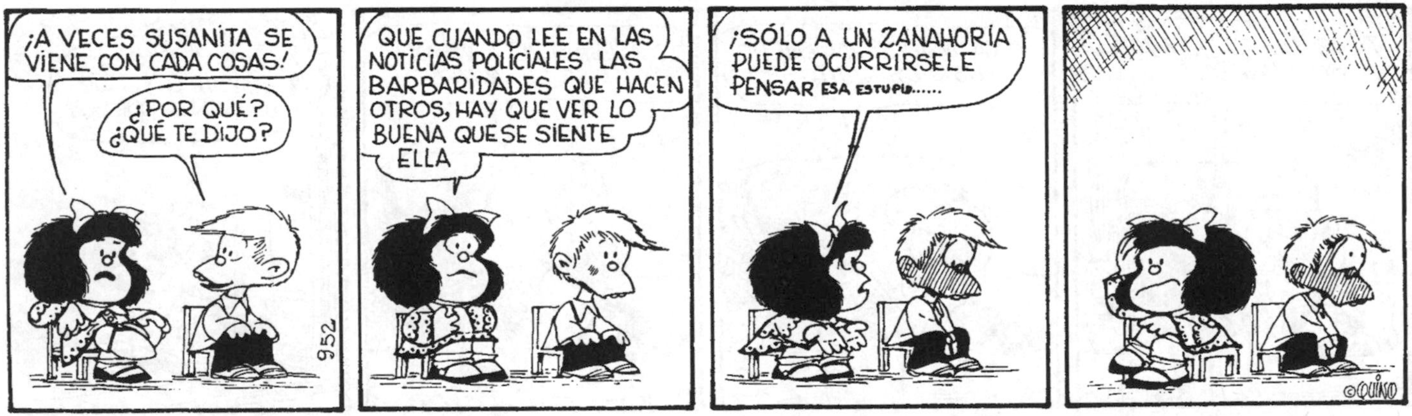
¡A VECES SUSANITA SE VIENE CON CADA COSAS!
¿POR QUÉ? ¿QUÉ TE DIJO?
952
QUE CUANDO LEE EN LAS NOTICIAS POLICIALES LAS BARBARIDADES QUE HACEN OTROS, HAY QUE VER LO BUENA QUE SE SIENTE ELLA
¡SÓLO A UN ZANAHORÍA PUEDE OCURRÍRSELE PENSAR ESA ESTUPID......
©QUINO

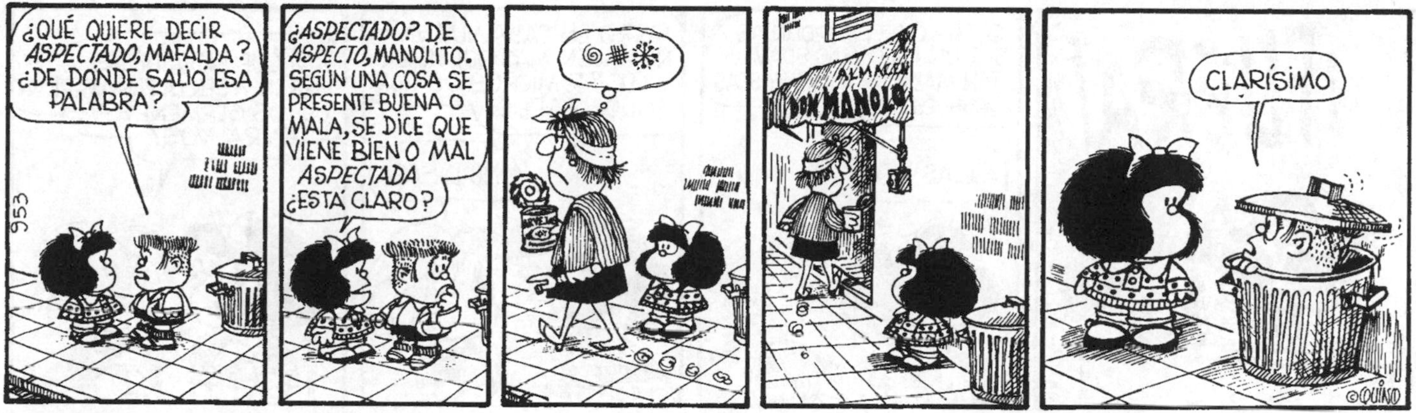
953
¿QUÉ QUIERE DECIR *ASPECTADO*, MAFALDA? ¿DE DÓNDE SALIÓ ESA PALABRA?
¿*ASPECTADO*? DE *ASPECTO*, MANOLITO. SEGÚN UNA COSA SE PRESENTE BUENA O MALA, SE DICE QUE VIENE BIEN O MAL *ASPECTADA* ¿ESTÁ CLARO?
ALMACÉN DON MANOLO
CLARÍSIMO
©QUINO

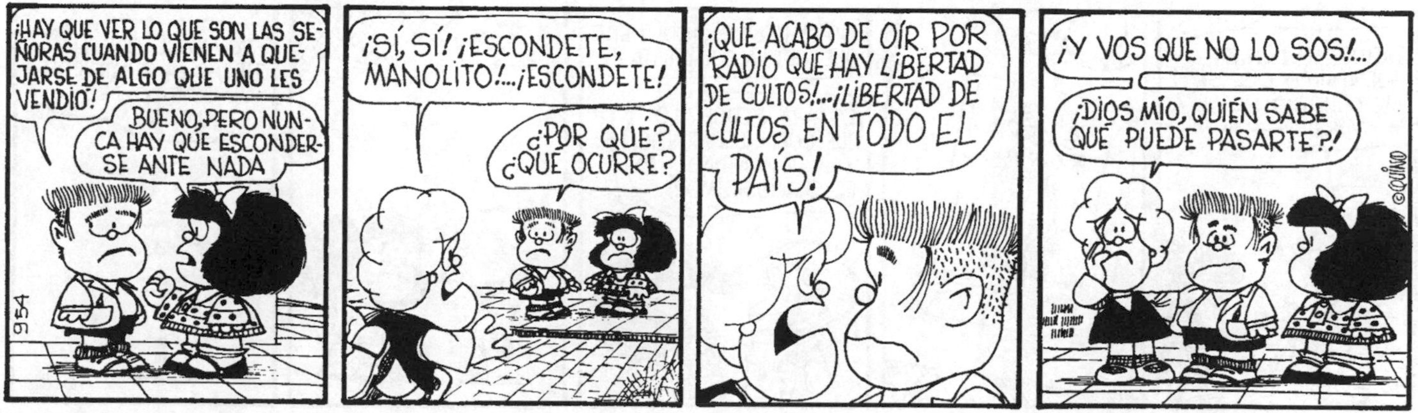
954
¡HAY QUE VER LO QUE SON LAS SEÑORAS CUANDO VIENEN A QUEJARSE DE ALGO QUE UNO LES VENDIÓ!
BUENO, PERO NUNCA HAY QUE ESCONDERSE ANTE NADA
¡SÍ, SÍ! ¡ESCONDETE, MANOLITO!...¡ESCONDETE!
¿POR QUÉ? ¿QUÉ OCURRE?
¡QUE ACABO DE OÍR POR RADIO QUE HAY LIBERTAD DE CULTOS!...¡LIBERTAD DE CULTOS EN TODO EL PAÍS!
¡Y VOS QUE NO LO SOS!...
¡DIOS MÍO, QUIÉN SABE QUÉ PUEDE PASARTE?!
©QUINO

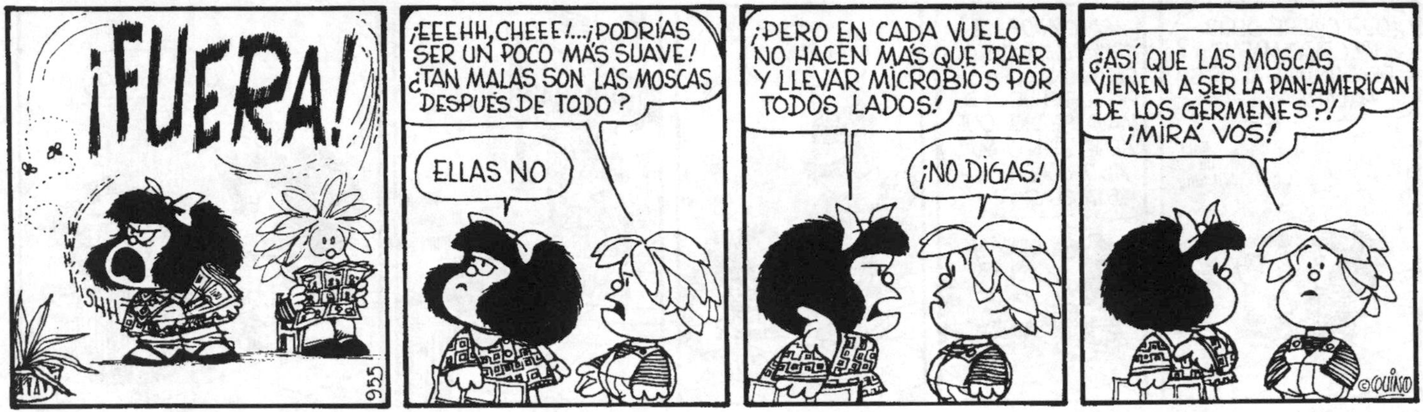
¡FUERA!
WWHIISHH
955
¡EEEHH, CHEEE!...¡PODRÍAS SER UN POCO MÁS SUAVE! ¿TAN MALAS SON LAS MOSCAS DESPUÉS DE TODO?
ELLAS NO
¡PERO EN CADA VUELO NO HACEN MÁS QUE TRAER Y LLEVAR MICROBIOS POR TODOS LADOS!
¡NO DIGAS!
¿ASÍ QUE LAS MOSCAS VIENEN A SER LA PAN-AMERICAN DE LOS GÉRMENES?! ¡MIRÁ VOS!
©QUINO

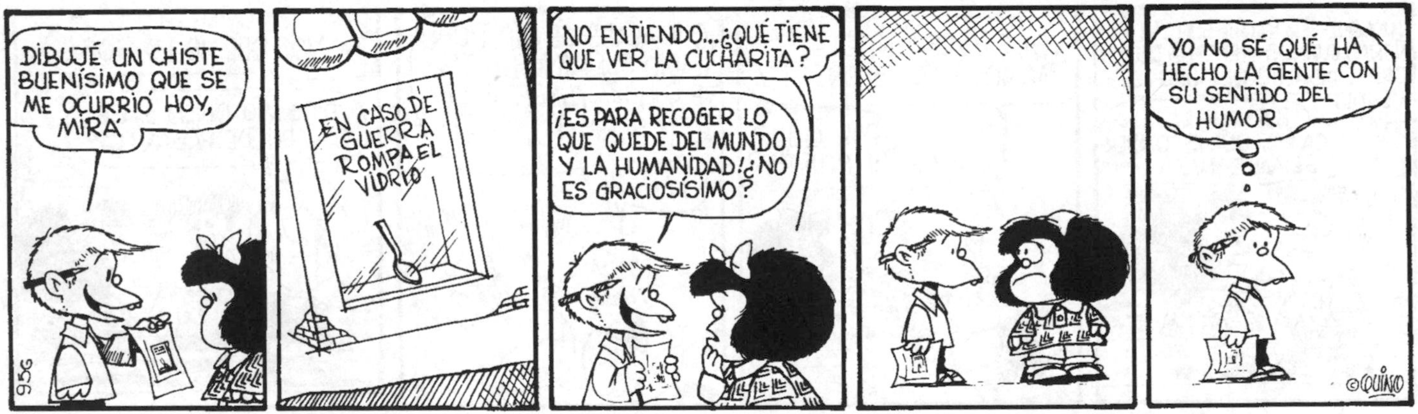
DIBUJÉ UN CHISTE BUENÍSIMO QUE SE ME OCURRIÓ HOY, MIRÁ
956
EN CASO DE GUERRA ROMPA EL VIDRIO
NO ENTIENDO...¿QUÉ TIENE QUE VER LA CUCHARITA?
¡ES PARA RECOGER LO QUE QUEDE DEL MUNDO Y LA HUMANIDAD! ¿NO ES GRACIOSÍSIMO?
YO NO SÉ QUÉ HA HECHO LA GENTE CON SU SENTIDO DEL HUMOR
©QUINO

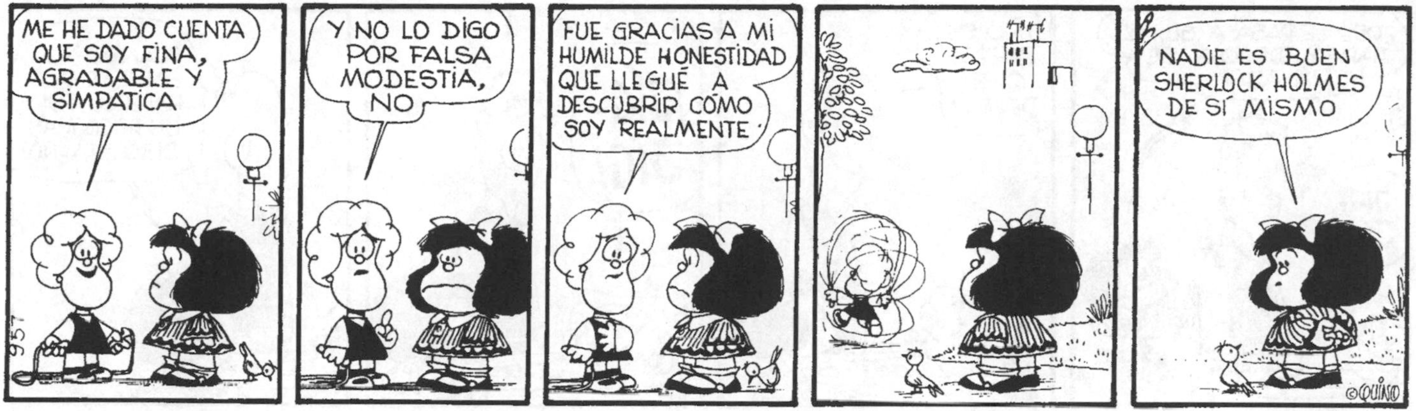
957
ME HE DADO CUENTA QUE SOY FINA, AGRADABLE Y SIMPÁTICA
Y NO LO DIGO POR FALSA MODESTIA, NO
FUE GRACIAS A MI HUMILDE HONESTIDAD QUE LLEGUÉ A DESCUBRIR CÓMO SOY REALMENTE
NADIE ES BUEN SHERLOCK HOLMES DE SÍ MISMO
©QUINO

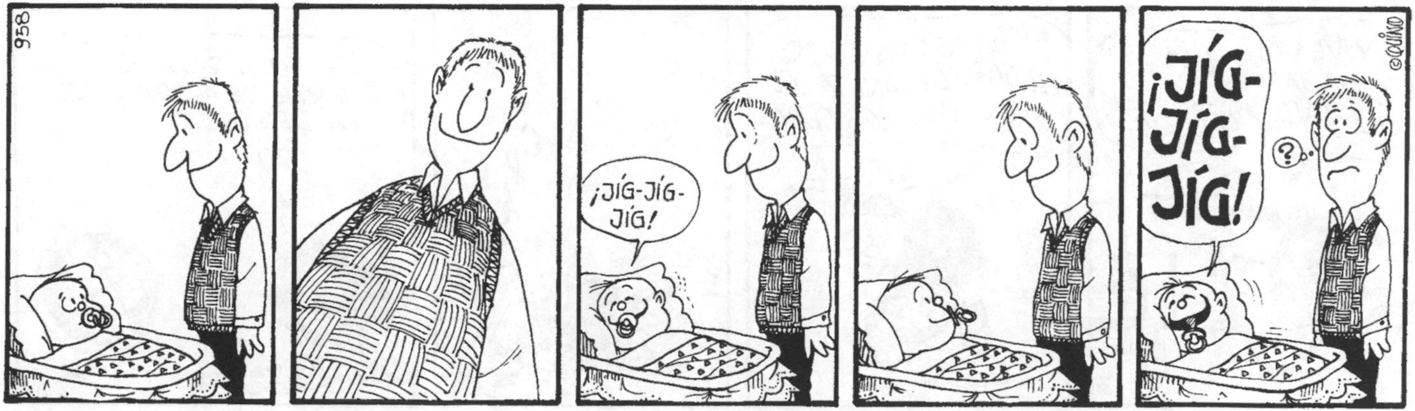
958
¡JÍG-JÍG-JÍG!
¡JÍG-JÍG-JÍG!
?
©QUINO

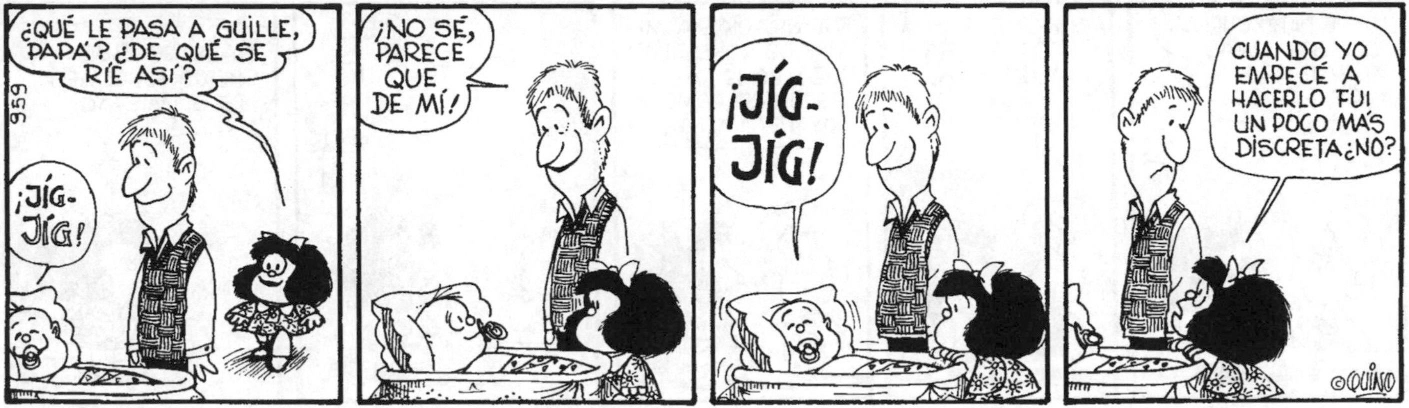

959
¿QUÉ LE PASA A GUILLE, PAPÁ? ¿DE QUÉ SE RÍE ASÍ?
¡JÍG-JÍG!
¡NO SÉ, PARECE QUE DE MÍ!
¡JÍG-JÍG!
CUANDO YO EMPECÉ A HACERLO FUI UN POCO MÁS DISCRETA ¿NO?
©QUINO

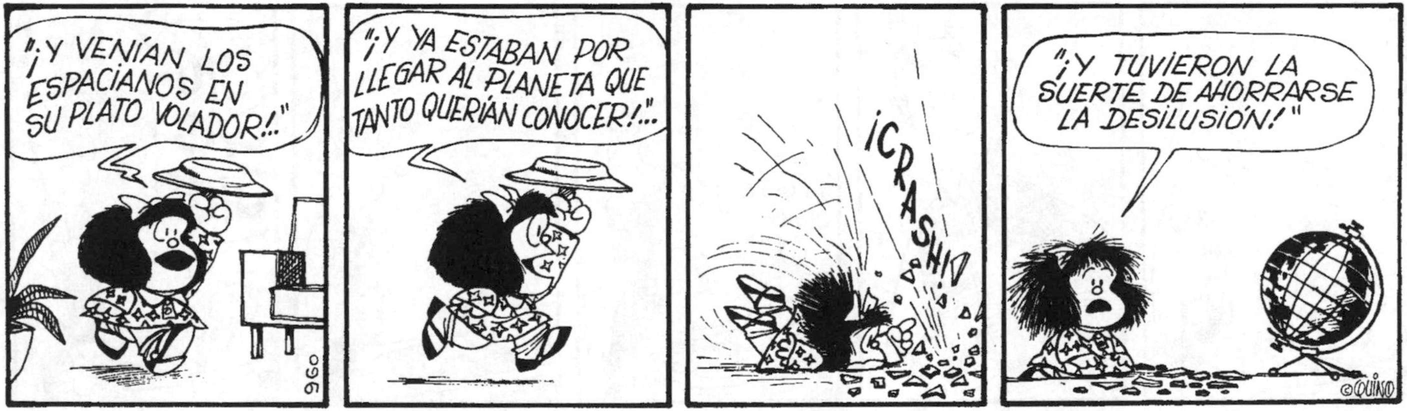

960
"¡Y VENÍAN LOS ESPACIANOS EN SU PLATO VOLADOR!.."
"¡Y YA ESTABAN POR LLEGAR AL PLANETA QUE TANTO QUERÍAN CONOCER!..."
¡CRASH!
"¡Y TUVIERON LA SUERTE DE AHORRARSE LA DESILUSIÓN!"
©QUINO

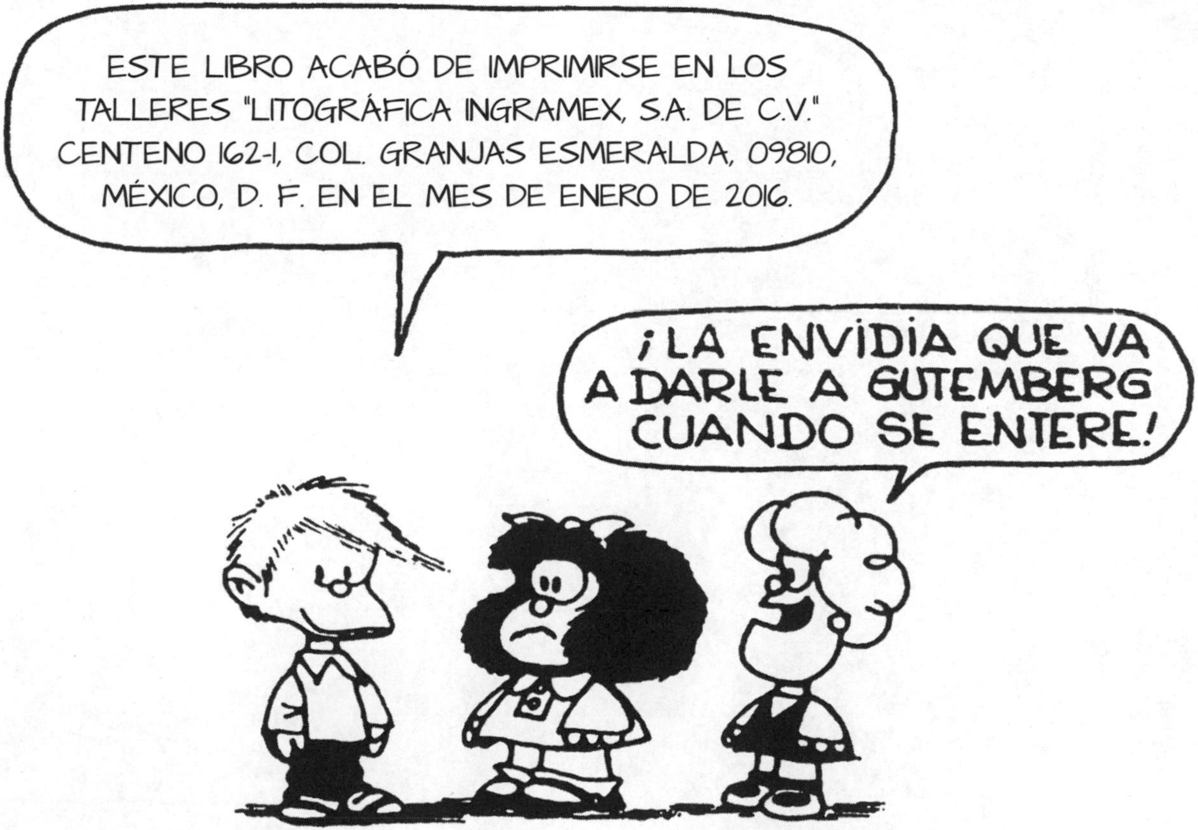
ESTE LIBRO ACABÓ DE IMPRIMIRSE EN LOS TALLERES "LITOGRÁFICA INGRAMEX, S.A. DE C.V." CENTENO 162-1, COL. GRANJAS ESMERALDA, 09810, MÉXICO, D. F. EN EL MES DE ENERO DE 2016.
¡LA ENVIDIA QUE VA A DARLE A GUTEMBERG CUANDO SE ENTERE!